职业教育"十三五"金融系列规划教材

U0662892

证券投资基金

ZHENGQUAN TOUZI JIJIN

张存萍◎主　编
冯晓霞◎副主编

电子工业出版社·
Publishing House of Electronics Industry
北京·BEIJING

图书在版编目（CIP）数据

证券投资基金 / 张存萍主编 . —北京：电子工业出版社，2018.7

职业教育"十三五"金融系列规划教材

ISBN 978-7-121-34243-1

Ⅰ．①证… Ⅱ．①张… Ⅲ．①证券投资－投资基金－高等职业教育－教材 Ⅳ．① F830.91

中国版本图书馆 CIP 数据核字 (2018) 第 106123 号

策划编辑：刘　殊
责任编辑：袁桂春
印　　刷：北京虎彩文化传播有限公司
装　　订：北京虎彩文化传播有限公司
出版发行：电子工业出版社
　　　　　北京市海淀区万寿路 173 信箱　邮编 100036
开　　本：787×1092　1/16　印张：12.25　字数：220 千字
版　　次：2018 年 7 月第 1 版
印　　次：2023 年 5 月第 12 次印刷
定　　价：38.00 元

凡所购买电子工业出版社图书有缺损问题，请向购买书店调换。若书店售缺，请与本社发行部联系，联系及邮购电话：(010) 88254888，88258888。

质量投诉请发邮件至 zlts@phei.com.cn，盗版侵权举报请发邮件至 dbqq@phei.com.cn。

本书咨询联系方式：(010) 88254199，sjb@phei.com.cn。

前　言

回首公募基金行业走过的近 20 年历程，恰似轻舟已过万重山。截至 2016 年年底，公募基金总资产规模进一步扩张，突破 9 万亿元，较 2015 年增长了 8.6%；公募基金数量扩充至 3 806 只（按照投资组合统计），增长 40.96%。整体而言，公募基金作为门槛更低、专业化运作管理、信息披露完备的选择，越来越受到各类型投资者的欢迎。对于个人投资者来说，了解证券投资基金的相关知识和投资技能就显得十分重要。目前，中国基金类型纷繁复杂，产品数量庞大，对一般投资者而言，到底选择哪些基金，的确无从下手，这就需要基金营销客户经理给投资者提供投资建议。因此，为了适应基金市场新的变化，高职金融专业证券投资基金教学也必须加快改革的步伐，力争培养出具有基金投资实践操作能力的金融职业人才。北京财贸职业学院的教师在原有《证券投资基金实务》教材的基础上，根据中国基金市场的政策调整和基金产品的新情况，特别增加了中国基金市场出现的新趋势、新品种、新数据和新案例，同时参考了基金从业资格考试内容，重新编写了全书的内容和结构，形成了本教材。

本教材具有以下特点：

（1）实用性强。本教材按照教学规律设计教材结构与内容，在跟踪金融业最新知识与理论的前提下，保证全书结构的完整；同时本教材把"项目导向—任务驱动—知识链接—能力拓展"作为编写思路，更加关注学生的知识能力、方法能力和社会能力的提高。

（2）目的性强。本教材注重培养学生作为基金营销客户经理的营销能力，要求学生在掌握证券投资基金等基本理论知识的前提下，强化对基金产品的了解，最终能给投资者推荐符合其需求的产品。本教材编写了模拟任务和能力练习等内容，所写的项目和工作任务基本可以在课堂教学中实现，利于课堂教学的组织与管理。

（3）辅助证券从业资格考试训练。本教材特别编写了单选题、多选题和判断题等证券从业资格考试的内容。大量的例题都是针对近年来证券从业资格考试的重点和难点而设计的。在每章的相关知识中，穿插了大量的流程、图表、对话等小栏目，以帮助学习者尽快掌握所考内容。

本教材主要内容分为八个项目。项目一是把握证券投资基金市场，主要是从基金营销客户经理应用证券投资基金基础知识为投资者提供基金基本知识咨询，以及了解中国证券投资基金市场情况的角度去安排内容。项目二是为投资者选择基金类型提供咨询服务，主要是应用各类基金的作用及适用人群特点，为投资者提供相关服务。项目三是掌握证券投资基金当事人的权利与义务。项目四是掌握证券投资基金的募集认购与交易、申购和赎回，主要是为投资者提供交易、认购（申购）、赎回等咨询服务。项目五是基金客户与基金销售管理，主要是从基金客户与基金销售管理等方面，把握基金产品设计流程与销售规定，从而为投资者推荐符合其风险偏好的基金产品。项目六是把握证券投资基金的运作，主要是模拟基金公司投资运作基金，认知基金投资费用和基金资产估值等内容。项目七主要是为投资者提供基金收益与税收咨询服务，并帮助投资者解读基金半年报和年报并评价基金表现。项目八是把握基金监管与基金营销风险点，主要是认知证券投资基金的监管概念、目标和原则等内容，模拟召开中国证监会发布基金监管规定的新闻发布会，从而把握基金监管内容与基金营销风险点。

本教材适用于高职高专院校、成人高等院校等相关专业的教学，同样适用于商业银行、基金公司和证券企业培训理财经理或客户经理使用。

本教材由北京财贸职业学院张存萍主编，具体负责确定本教材的修订大纲，并做了全面修改和编辑。北京财贸职业学院冯晓霞参与了本教材的编写工作。本教材写作分工如下：项目一、二、四至七由张存萍执笔，项目三、八由冯晓霞执笔。

在本教材的修订过程中，长江证券的杨冬林先生、工银瑞信基金管理公司的黄永麟女士对本教材做了具体指导，在此表示感谢，同时，还要感谢出版社的编辑对本教材的出版付出的辛勤努力。

在编写本教材过程中，我们参阅了证券投资基金方面的专著、论文和网络文章，并尽可能地注明了所引材料的出处，其中或许有个别遗漏，在此，谨向有关作者致以诚挚的谢意。

尽管编者做过多年的基金教学工作，编写教材前也查阅了许多资料，但终究水平有限，教材中会有不当或错误之处，还请业内学者专家批评指正，不吝赐教。

北京财贸职业学院

张存萍

目　录

项目一
把握证券投资基金市场

学习目标

知识目标

了解证券投资基金的起源与发展；掌握证券投资基金的概念与特点，以及基金、股票、债券等其他金融工具的差异；掌握基金在金融体系中的作用；熟悉基金当事人、基金市场服务机构、基金监管机构和自律组织等基金参与主体；了解我国基金业发展的三个历史阶段；掌握证券投资基金的运作程序和运作方式。

能力目标

在理解基金概念及特点的基础上，能够与团队成员共同为投资者提供基金投资咨询服务。

学习任务

任务1　基金基础知识咨询
任务2　中国基金市场调研

记得在几年前，银行界流传着这样一个笑话。为了能顺利完成上级下达的基金销售任务，银行的基金销售员不得不到大街上向行人推销基金。一位路过的老太太听见之后非常吃惊地问销售员："你们银行现在居然也卖'鸡精'啦？"

故事是真是假其实不重要，但告诉我们一个事实：在几年前，甚至就在2006年以前，老百姓对于基金是什么几乎还一无所知，可是时隔不到几年，在神州大地上却已经是无人不识"基"的盛况。从工薪族到退休族，从十六七岁的学生到七八十岁的大爷、大妈，人人都在谈论基金，人人都在投资基金。那基金究竟是何方神圣？基金为什么能够赚钱呢？什么样的基金适合我们投资呢？中国目前的基金市场发展如何？

任务1　基金基础知识咨询

【模拟情境】

四位客户分别走进证券公司基金销售部或商业银行营业部大厅，认真地看着宣传栏上的各种基金宣传单，想了解一下目前市场的投资产品。请银行客户经理就基金宣传单上的内容向他们介绍基金。

【规则与要求】

（1）根据给定的客户身份，以小组为单位设计对话并模拟演练。每组围成两个圈，内外圈同学分别模拟客户经理和客户，客户经理与客户的身份轮流替换。之后再左右交换位置，面对不同的客户（客户经理），再次开展练习。

（2）完成的具体情境及要求如表 1-1 所示。

表 1-1　客户经理面临的具体情境

给定的客户身份	刘女士：大型超市收银员，年龄 25 岁，月收入 3 000 元，大学专科学历，一年后成家。从未投资过证券产品，仅在银行存款，现在想做基金投资
	王先生：某房地产销售经理，30 岁，月收入 13 000 元，大学本科学历，结婚一年，每月还房贷 5 000 元，预计 3 年内有孩子，投资过股票，大亏，现在不敢做任何投资
	李女士：北京某中学老师，42 岁，硕士研究生，家有儿子 11 岁，买过国债，现在想做基金投资
	赵大爷：退休老人，60 岁，中专学历，从未投资过基金产品，听人说买基金好，现在想做基金投资

续表

对扮演客户的同学的要求	1）尽量给扮演客户经理的同学提出与基金相关的问题	例如，什么是基金？为什么基金经理能帮我挣钱？为什么基金的风险比股票小？如果基金经理拿着我的钱逃跑了呢？基金经理给我分红吗
	2）尽量给扮演客户经理的同学出难题	例如，我的钱太少，我没时间，我没经验，我没精力，我怕风险等
对扮演客户经理的同学的要求	1）用通俗的语言说出基金概念、特征等，注意概念的准确性、全面性	
	2）根据客户的身份，应用沟通技巧	
	3）注意体现客户经理的专业性和职业性	
客户拒绝客户经理的可能托词与应对的话术	我钱太少	应对话术要点	基金投资本身就是集合投资，投资起点只需要 1 000 元
	我没经验		基金投资是专业管理、专家操作
	我怕风险		基金是组合投资，能分散风险
	我没时间		开户手续很简单

【评价标准】

由教师评价、小组评价、学生自评相结合，评价标准如下。

（1）参与活动态度是否认真，对话内容是否具有一定专业性，礼仪是否规范。

（2）应变能力和语言表达能力是否有一定提高。

（3）对团队成员是否有较深入的认识，是否能与同学很好地合作并完成任务，团队合作意识是否强。

【相关知识】

1. 证券投资基金的概念

基金是指通过发售基金份额，将众多投资者的资金集中起来，形成独立财产，由基金托管人托管，基金管理人负责管理和运作，通过投资于股票、债券等投资标的，获得投资收益的一种利益共享、风险共担的集合投资方式（见图 1-1）。国内基金均以股票、债券等有价证券作为投资标的，因此称为"证券投资基金"。

证券投资基金是一种间接投资工具。一方面，证券投资基金以股票、债券等金融证券为投资对象；另一方面，基金投资者通过购买基金份额的方式间接进行证券投资。证券投资基金通过发行基金份额的方式募集资金，个人投资者或机构投资者通过购买一定数量的基金份额参与基金投资。基金所募集的资金在法律上具有独立性，由选定的基金托管人保管，并委托基金管理人进行股票、债券等分散化组合投资。基金投资者是基金的所有者。基金投资收益在扣除由基金承担的费用后的盈余全部归基金投资者所有，并依据各个投资者所购买的基金份额的多少在投资者之间进行分配。

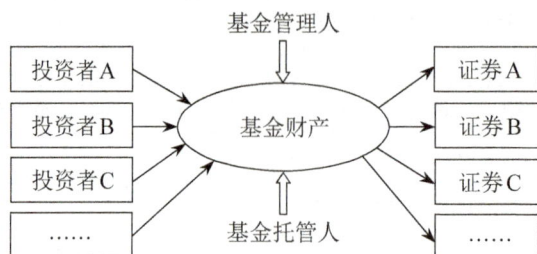

图 1-1　基金的概念

作为一种大众化的信托投资工具，各国和地区对证券投资基金的称谓不尽相同，如表 1-2 所示。

表 1-2　不同国家和地区对基金的不同称谓

基金的不同称谓	称谓对应的国家和地区
共同基金	美国
集合投资产品	欧洲
证券投资信托基金	日本、韩国和我国台湾地区
单位信托基金	英国和我国香港地区

2. 证券投资基金的特点

（1）证券投资基金的基本特点

证券投资基金作为一种大众化的投资工具，具有其自身的特点，表现在四方面，如表 1-3 所示。

表 1-3　证券投资基金的基本特点

基金的基本特点	具体表现
集合理财、专业管理	基金将众多投资者的资金集中起来，委托基金管理人进行共同投资，表现出一种集合理财的特点。通过汇集众多投资者的资金，积少成多，有利于发挥资金的规模优势，降低投资成本。基金由基金管理人进行投资管理和运作。基金管理人一般拥有大量的专业投资研究人员和强大的信息网络，能够更好地对证券市场进行全方位的动态跟踪与深入分析。将资金交给基金管理人管理，使中小投资者也能享受到专业化的投资管理服务

续表

基金的基本特点	具体表现
组合投资、分散风险	为降低投资风险，一些国家的法律通常规定基金必须以组合投资的方式进行基金的投资运作，从而使"组合投资、分散风险"成为基金的一大特色。中小投资者由于资金量小，一般无法通过购买数量众多的股票分散投资风险。基金通常会购买几十种甚至上百种股票，投资者购买基金就相当于用很少的资金购买了一揽子股票。在多数情况下，某些股票价格下跌造成的损失可以用其他股票价格上涨产生的盈利来弥补，因此可以充分享受到组合投资、分散风险的好处
利益共享、风险共担	证券投资基金实行利益共享、风险共担的原则。基金投资者是基金的所有者。基金投资收益在扣除由基金承担的费用后的盈余全部归基金投资者所有，并依据各投资者所持有的基金份额比例进行分配。为基金提供服务的基金托管人、基金管理人只能按规定收取一定比例的托管费、管理费，并不参与基金收益的分配
严格监管、信息透明	为切实保护投资者的利益，增强投资者对基金投资的信心，各国（地区）基金监管机构都对基金业实行严格的监管，对各种有损于投资者利益的行为进行严厉的打击，并强制基金进行及时、准确、充分的信息披露。在这种情况下，严格监管与信息透明也就成为基金的另一个显著特点

理财之道在于钱分三份

拓展知识

根据国内外古人、今人理财的成功之道，你的钱最好分为三份。

第一份钱是流动的，目的是生存。你的生活出现了意外，如受伤、生病、失火、失业、地震等，这笔钱马上能取出来让你生存。首先，这份钱必须是流动的，最好是活期存款，或者是 3 个月或半年、一年的短期定期存款，想取马上就能取。其次，这笔钱必须能够支付你或你们一家一年的最低生活费用。

第二份钱是固定的，目的是生活。生活就是和家人一起过日子，过日子就离不开房子、车子和孩子。这些是你未来生活必须花的钱。算算你未来结婚买房、买车、小孩长大到上大学等要花多少钱，什么时候花，然后制订一个存钱计划，可以存定期，也可以买国债。定期存款和国债利率都不会太高，但最简单、最安全、最保险。

第三份钱是不确定的，目的是获利。解决了生存和生活问题，剩下的钱就是闲钱。前面讲的定期存款和国债的第一目标是安全，但获利较少。这份闲钱的目标是获利更多，但就没那么安全了，有不确定性。如何为我们的闲钱找一条最确定的、能赚更多钱、生更多利的投资理财之路呢？基金是一个不错的选择。

（2）证券投资基金与其他金融工具的比较

1）基金与股票、债券的差异。基金与股票、债券的差异主要表现在其反映的经济关系、所筹资金的投向及投资收益与风险大小等方面，如表 1-4 所示。

表 1-4　基金与股票、债券的差异

产　品 具体区别 区别内容	股　票	债　券	基　金
反映的经济关系不同	所有权关系，一种所有权凭证，投资者购买股票后就成为公司的股东	债权债务关系，一种债权凭证，投资者购买债券后就成为公司的债权人	信托关系，一种受益凭证，投资者购买基金份额就成为基金的受益人
所筹资金的投向不同	直接投资工具，筹集的资金主要投向实业领域	直接投资工具，筹集的资金主要投向实业领域	间接投资工具，所筹集的资金主要投向有价证券等金融工具
投资收益与风险大小不同	高风险、高收益	低风险、低收益	风险相对适中，收益相对稳健

拓展知识

巴菲特的建议：投资基金产品而非股票

有不少人会说："我自己的钱，干吗非得买基金，与其给别人玩，不如自己玩。"

一次，在伯克希尔股东大会上蒂莫西·费里斯问："巴菲特先生，芒格先生，假设你们只有30多岁，没有什么其他经济来源，只能靠一份全日制的工作来谋生，根本无法每天进行投资，你们都已经有些积蓄足够维持你们一年半的生活开支，那么你们攒的第一个100万美元将会如何投资？请告诉我们具体投资的资产种类和配置比例。"

这人是一个典型的业余投资者，有钱无闲，拐着弯想让股神推荐股票。

巴菲特哈哈一笑说："我会把所有的钱都投资到一只成本费率低的追踪标准普尔500指数的指数基金上，然后继续努力工作……把所有的钱都投资到像先锋500指数基金那样的成本费率低的指数基金上。"

请注意，巴菲特没有建议业余投资者自己做股票，而是建议买基金。

大多数业余投资者不适合自己做股票，最好买基金。原因很简单，业余的干不过专业的。

做股票看起来很简单，但想赚钱而且持续地赚钱就非常不简单了。就像下围棋一样，把棋子往上一放很简单，但要赢棋而且持续地赢棋就太难了。大部分人不懂围棋，每个月有空才下几次，最多研究过几次棋谱，和那些天天下棋、天天研究的专业棋手比赛，你能赢吗？

在不同的时间把资金放在不同的股票上，就如同在不同的时间下围棋时把棋子放在不同的位置上。围棋的棋盘是固定不变的，规则是固定不变的，而证券市场这个大棋盘却在不断变化，甚至规则也在不断变化，而且还经常有人作弊。在这个难度更高、更复杂的比赛中，大部分业余选手凭什么自信能够战胜专业选手呢？

对于大部分人来说，自己做饭没有饭店做得好，自己做衣服没有服装公司做得好，同样，自己做股票往往没有基金公司做得好。

一是时间、精力不够。我们大部分业余投资者，白天上班，晚上加班，回家还要做饭、看孩子，有多少时间和精力研究投资呢？

二是专业能力不行。像教育孩子一样，送孩子到学校交给老师管。老师可比家长自己管的效果好多了。即使家长是文盲，学校老师照样能把小孩子培养成大学生。股票投资也一样，即使你股盲甚至基盲，基金公司照样能让你赚上好几倍。

三是资金实力差别太大。只有几万元、几十万元单枪匹马做股票的股民，与花几千万元买券商研究报告的基金公司比，资金差距的悬殊程度比业余棋手和国家队专业棋手的实力差别更大。

（资料来源：刘建位，徐晓杰.巴菲特教你买基金 [M].北京：中信出版社，2010）

2）基金与银行储蓄存款的差异。截至目前，由于开放式基金主要通过银行代销，许多投资者误认为基金是银行发行的金融产品，与银行储蓄存款没有太大区别。实际上，二者在性质、收益与风险特性及信息披露程度等方面有着本质的不同，如表 1-5 所示。

表 1-5　基金与银行储蓄存款的差异

产　品 具体区别 区别内容	银行储蓄存款	基　金
性质不同	表现为银行的负债，是一种信用凭证；银行对存款者负有法定的保本付息责任	一种受益凭证，基金财产独立于基金管理人；基金管理人只是受托管理投资者的资金，并不承担投资损失的风险
收益与风险特性不同	银行存款利率相对固定，投资者损失本金的可能性很小，投资相对比较安全	收益具有一定的波动性，投资风险较大
信息披露程度不同	银行吸收存款之后，不需要向存款人披露资金的运用情况	基金管理人必须定期向投资者公布基金的投资运作情况

3. 证券投资基金的运作方式和法律形式

（1）封闭式基金和开放式基金

根据基金运作方式的不同，基金可以分为封闭式基金和开放式基金。封闭式基金是指基金份额在基金合同期限内固定不变，基金份额可以在依法设立的证券交易所交易，但基金份额持有人不得申请赎回的一种基金运作方式。开放式基金是指基金份额不固定，基金份额可以在基金合同约定的时间和场所进行申购或赎回的一种基金运作方式。二者的区别主要是看基金份额是否固定，投资者是否允许申购和赎回。这里所指的开放式基金特指传统的开放式基金，不包括 ETF、LOF 等新型开放式基金。封闭式基金和开放式基金的区别如表 1-6 所示。

表 1-6　封闭式基金和开放式基金的区别

	封闭式基金	开放式基金
期限不同	有固定存续期（5 年，15 年）	无固定存续期
份额限制不同	封闭式基金发行规模固定，并在封闭期限内不能再增加发行新的基金单位	开放式基金则没有发行规模限制，投资者认购新的基金单位时，其基金规模就增加；赎回基金单位时，其基金规模就减少
转让方式不同	封闭式基金在封闭期限内，投资者一旦认购了基金受益单位就不能向基金管理公司提出赎回，只能寻求在证券交易所或其他交易场所挂牌，交易方式类似于股票及债券的买卖	开放式基金的投资者则可随时向基金管理公司或银行等中间机构提出认购或赎回申请，买卖方式灵活
价格形成方式不同	不完全取决于基金净值，受二级市场供求关系影响较大	开放式基金的价格完全取决于每单位资产净值的大小
激励约束机制不同	基金经理在经营上面临的直接压力小，激励约束不大	基金经理在经营上面临的直接压力小，激励约束很大
投资策略不同	无赎回压力，可进行长期投资和全额投资，有利于基金长期业绩提高	重视基金资产的流动性，必须保留一定现金，影响长期经营业绩

从海外尤其是发达国家或地区的基金业发展来看，通常大多是先从封闭式基金起步，经过一段时间的探索，逐步转向发展开放式基金。鉴于我国国情，我国的投资基金业也是先选择封闭式基金试点，逐步发展到开放式基金，但开放式基金是我国今后发展的主流。

封闭式基金可以转化为开放式基金吗

拓展知识

封闭式基金可以转化为开放式基金。封闭式基金转化为开放式基金简称基金的"封转开"，是指封闭式基金召开持有人大会，征得基金持有人同意后，在基金到期日之后转为可以直接按净值申购和赎回的开放式基金。我国第一只"封转开"基金是华夏基金管理公司旗下的"基金兴业"，该基金在转为开放式基金后，名称改为"华夏平稳增长基金"。从目前我国封闭式基金市场的现状来看，由于封闭式基金的交易价格和净值之间存在较大折价（贴水），因此，"封转开"理论上存在套利的空间。

（2）公司型基金和契约型基金

公司型基金又称互惠基金，或称共同基金（Mutual Fund），是指基金公司依法设立，以发行股份的方式募集资金，投资者通过购买公司股份成为基金公司股东。公司型基金结构类似于一般股份公司，但基金公司本身不从事实际运作，而是将其资产委托给专业的基金管理公司管理运作，同时，由卓有信誉的金融机构代为保管基金资产。公司型基金的设立法律性文件是基金公司章程及招募说明书。公司型基金在美国非常盛行，美国的法律不允许设立契约型基金。

契约型基金又称信托型基金，或称单位信托基金（Unit Trust），它是由基金经理人（基金管理公司）与代表受益人权益的信托人（托管人）之间订立信托契约而发行受益单位，由经理人依照信托契约从事对信托资产的管理，由托管人作为基金资产的名义持有人负责保管基金资产。契约型基金将受益权证券化，即通过发行受益单位，使投资者购买后成为基金受益人，分享基金经营成果。契约型基金的设立法律性文件是信托契约，而没有基金章程。基金管理人、托管人、投资人三方当事人的行为通过信托契约来规范。公司型基金和契约型基金的主要区别如表 1-7 所示。

表 1-7　公司型基金和契约型基金的主要区别

	公司型基金	契约型基金
法律依据不同	公司型基金是依照公司法组建的	契约型基金是依照基金契约组建的，信托法是契约型基金设立的依据
法人资格不同	公司型基金本身就是具有法人资格的股份有限公司	契约型基金不具有法人资格

续表

	公司型基金	契约型基金
投资者的地位不同	公司型基金的投资者作为公司的股东有权对公司的重大决策进行审批、发表自己的意见	契约型基金的投资者作为信托契约中规定的受益人,对基金如何运用所做的重要投资决策通常不具有发言权
融资渠道不同	公司型基金由于具有法人资格。在资金运用状况良好、业务开展顺利、又需要扩大公司规模、增加资产时,可以向银行借款	契约型基金因不具有法人资格,一般不向银行借款
经营财产的依据不同	公司型基金则依据公司章程来经营,像一般的股份公司一样,除非依据公司法到了破产、清算阶段,否则公司一般都具有永久性	契约型基金凭借基金契约经营基金财产;依据基金契约建立、运作,契约期满,基金运营也就终止

4. 基金的参与主体

在基金市场上,存在许多不同的参与主体。依据所承担的职责与作用的不同,可以将基金市场的参与主体分为基金当事人、基金市场服务机构、基金监管机构和自律组织三大类。

(1)基金当事人

我国的证券投资基金依据基金合同设立,基金份额持有人、基金管理人与基金托管人是基金合同的当事人,简称基金当事人。其相互关系如图1-2所示。

1)基金份额持有人。基金份额持有人即基金投资者,是基金的出资人、基金资产的所有者和基金投资回报的受益人。《中华人民共和国证券投资基金法》(简称《证券投资基金法》)规定,我国基金份额持有人享有以下权利:分享基金财产收益,参与分配清算后的剩余基金财产,依法转让或申请赎回其持有的基金份额,按照规定要求召开基金份额持有人大会,对基金份额持有人大会审议事项行使表决权,查阅或复制公开披露的基金信息资料,对基金管理人、基金托管人、基金销售机构损害其合法权益的行为依法提出诉讼,基金合同约定的其他权利。

2)基金管理人。基金管理人是基金产品的募集者和管理者,其最主要职责就是按照基金合同的约定,负责基金资产的投资运作,在有效控制风险的基础上为基金投资者争取最大的投资收益。基金管理人在基金运作中具有核心作用,基金产品的设计、基金份额的销售与注册登记、基金资产的管理等重要职能多半由基金管理人或基金管理人选定的其他服务机构承担。在我国,基金管理人只能由依法设立的基金管理公司担任。

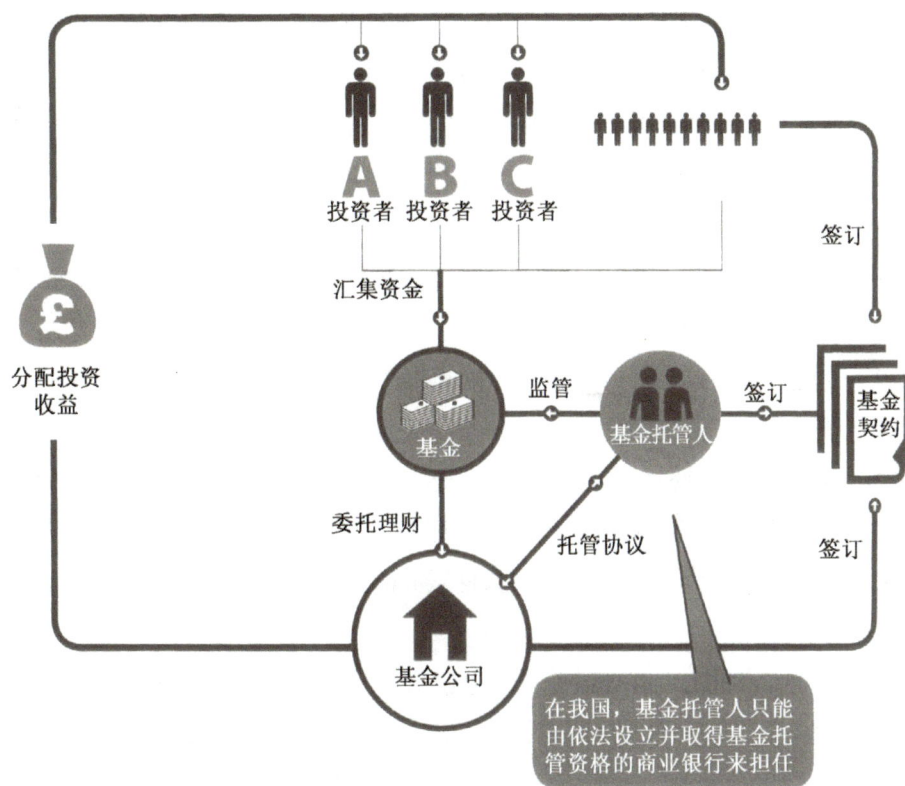

图 1-2　基金当事人之间的关系

3）基金托管人。为了保证基金资产的安全，《证券投资基金法》规定，基金资产必须由独立于基金管理人的基金托管人保管，从而使基金托管人成为基金的当事人之一。基金托管人的职责主要体现在基金资产保管、基金资金清算、会计复核及对基金投资运作的监督等方面。在我国，基金托管人只能由依法设立并取得基金托管资格的商业银行担任。

（2）基金市场服务机构

除基金管理人与基金托管人外，基金市场上还有许多面向基金提供各类服务的其他机构。这些机构主要包括基金销售机构、注册登记机构、律师事务所和会计师事务所、基金投资咨询机构与基金评级机构等。

1）基金销售机构。基金销售机构是受基金管理公司委托从事基金代理销售的机构。通常，只有机构客户或资金规模较大的投资者才直接通过基金管理公司进行基金份额的直接买卖，一般资金规模较小的普通投资者通常经过基金代销机构进行基金的申（认）购与赎回或买卖。在我国，只有中国证券监督管理委员会（简称中国证监会）认定的机构才能从事基金的代理销售。目前，商业银行、证券公司、证券投资咨询机构、专业基金销售机构及中国证监会规定的其他机构，均可以向中国证监会申请基金代销业务资格，从事基金的代销业务。

2）注册登记机构。基金注册登记机构是指负责基金登记、存管、清算和交收业务的机构。其具体业务包括投资者基金账户管理、基金份额注册登记、清算及基金交易确认、红利发放、基金份额持有人名册的建立与保管等。目前，在我国承担基金份额注册登记工作的主要是基金管理公司自身和中国证券登记结算有限责任公司（简称中国结算公司）。

3）律师事务所和会计师事务所。律师事务所和会计师事务所作为专业、独立的中介服务机构，为基金提供法律、会计服务。

4）基金投资咨询机构与基金评级机构。基金投资咨询机构是向基金投资者提供基金投资咨询建议的中介机构；基金评级机构则是向投资者及其他市场参与主体提供基金评价业务、基金资料与数据服务的机构。

（3）基金监管机构和自律组织

1）基金监管机构。基金监管机构通过依法行使审批或核准权，依法办理基金备案，对基金管理人、基金托管人及其他从事基金活动的中介机构进行监督管理，对违法违规行为进行查处，因此其在基金的运作过程中起着重要的作用。

2）基金自律组织。证券交易所是基金的自律管理机构之一。一方面，封闭式基金、上市开放式基金和交易型开放式指数基金等需要通过证券交易所募集和交易，而且还必须遵守证券交易所的规则；另一方面，经中国证监会授权，证券交易所对基金的投资交易行为还承担着重要的一线监控职责。

基金行业自律组织是由基金管理人、基金托管人或基金销售机构等行业组织成立的同业协会。同业协会在促进同业交流、提高从业人员素质、加强行业自律管理、促进行业规范发展等方面具有重要的作用。

5. 证券投资基金运作

基金的运作包括基金的市场营销、基金的募集、基金的投资管理、基金资产的托管、基金份额的登记、基金的估值与会计核算、基金的信息披露以及其他基金运作活动在内的所有相关环节。从基金管理人的角度看，基金的运作可以分为基金的市场营销、基金的投资管理与基金的后台管理三大部分。基金的市场营销主要涉及基金份额的募集与客户服务，基金的投资管理体现了基金管理人的服务价值，而包括基金份额的注册登记、基金资产的估值、会计核算、信息披露等后台管理服务则对保障基金的安全运作起着重要的作用。证券投资基金运作关系如

图 1-3 所示。

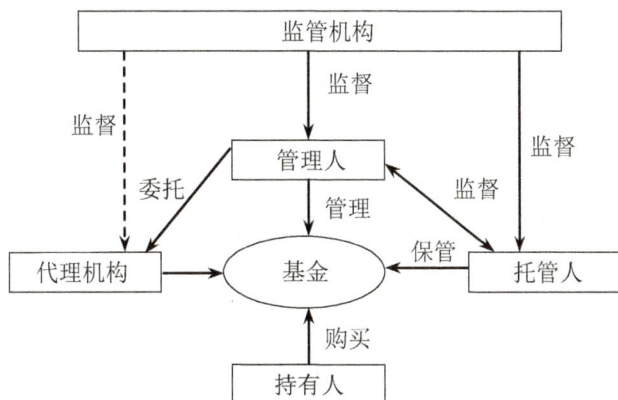

图 1-3　证券投资基金运作关系

任务2　中国基金市场调研

【模拟情境】

请同学们进入天天基金网，这里就像一个基金的大型超市，有基金产品类型、基金收益、基金经理、基金公司等情况，请你在这里了解一下中国基金市场产品情况。

【规则与要求】

（1）以小组为单位，在天天基金网或和讯网上查找中国基金市场基金公司数量，基金规模排在前十的基金公司及旗下所属基金数量；查找开放式基金和封闭式基金的数量，开放式基金的类型及其基金数量；查找最近年度各种类型开放式基金收益率较高的基金。

（2）在组长的带领下，汇报目前中国开放式基金市场情况。

（3）教师对情境模拟情况进行点评和总结。

【评价标准】

由学生互评、教师点评相结合，评价标准如下。

（1）各小组查找基金情况是否准确，用时长短。

（2）小组成员汇报所查基金情况时语言表达是否流畅。

（3）小组成员参与活动的态度好坏与团队合作的效率高低。

【相关知识】

1. 证券投资基金的起源与发展

（1）证券投资基金的产生

基金诞生于 18 世纪末 19 世纪初的英国。当时，产业革命的成功使英国生产力水平迅速提高，工商业都取得较大的发展，其殖民地和海外贸易遍及全球，大量的资金为追逐高额利润而涌向其他国家。可是大多数投资者缺乏国际投资经验，对海外的投资环境缺乏了解，难以直接参加海外投资。于是，人们便萌发了众人集资、委托专人经营和管理的想法。这一想法得到了英国政府的支持。1868 年11 月由政府出面组建了"海外和殖民地政府信托组织"（The Foreign and Colonial Government Trust），公开向社会发售受益凭证。它是公认的设立最早的投资基金机构，以分散投资于国外殖民地的公司债为主，其投资地区遍及南北美洲、中东、东南亚，以及意大利、葡萄牙、西班牙等国，当时的投资总额共达 48 万英镑。该基金类似股票，不能退股，也不能兑现，认购者的权益仅限于分红和派息。

20 世纪初，基金传入美国后，得到了蓬勃发展。1924 年 3 月 21 日诞生于美国的"马萨诸塞投资信托基金"成为世界上第一个开放式基金。此后，美国逐渐取代英国成为全球基金业发展的中心。

1929 年的经济大危机与股市崩盘，使美国基金投资者损失惨重。虽然开放式基金顽强地生存下来，但作为普遍进行杠杆操作的美国封闭式基金几乎全军覆没。同时，基金在操作中的投机行为也极大地影响了投资者的信心，美国基金业的发展遭受重创。

尽管美国监管部门开始对基金加强监管，于 1940 年出台了《投资公司法》与《投资顾问法》，但在 20 世纪 40—50 年代，美国基金业的发展非常缓慢。60年代尽管出现了短暂的股票基金发展热，但由于 1969 年股票市场大熊市的到来，使投资者对基金的兴趣再次减退。1971 年货币市场基金的推出为美国基金业的发展注入了新的活力，基金开始受到越来越多的普通投资者的青睐。20 世纪 80年代随着养老基金制度改革，以及随后 90 年代股票市场的持续大牛市，使美国基金业的发展真正迎来了大发展的时代。

（2）当前证券投资基金的发展特点

从全球基金业的发展看，20 世纪 80 年代以后，随着世界经济的高速增长和全球经济一体化的迅速发展，受美国与其他发达国家基金业的发展对促进资本市场的健康发展经验的启示，一些发展中国家也认识到基金的重要性，对基金业的发展普遍持积极的态度，相继制定了一系列法律、法规，使基金在世界范围内得到了普及发展。

2017 年第二季度末，全球开放式基金（不包括 FOF 基金）资产规模约为 44.78 万亿美元，环比上升 4.7%。与 2017 年第一季度现金净流入 6 150 亿美元相比，2017 年第二季度全球开放式基金现金净流入达到 6 090 亿美元。股票基金资产占全球开放式基金总资产的 43%，债券基金资产占 22%，平衡 / 混合基金资产占 13%，货币市场基金资产占 12%，如图 1-4 所示。按地区分类，2017 年第二季度，美洲拥有全球开放式基金总资产的 51%，欧洲拥有 36%，非洲和亚太地区共拥有 13%，如图 1-5 所示。

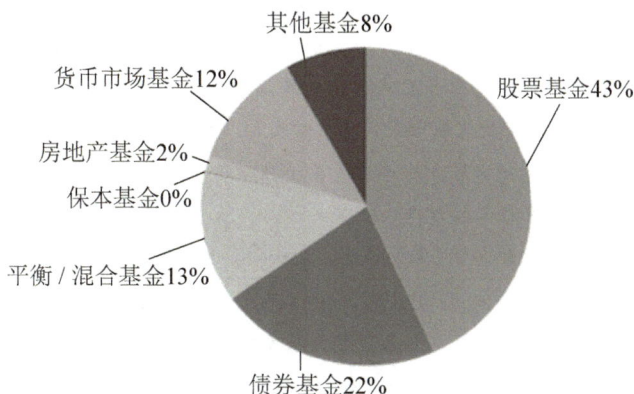

图 1-4　全球开放式基金资产百分比（按基金类别的分布图，截至 2017 年第二季度末）

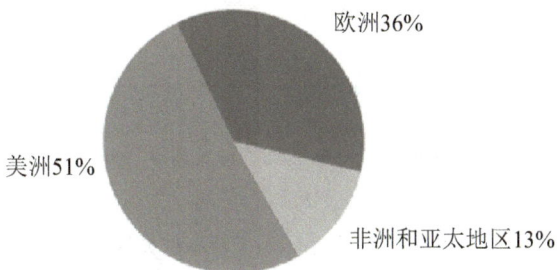

图 1-5　2017 年全球地区基金资产分布百分比

从不同地区来看，与全球开放式基金结构相比，美洲地区开放式基金中股票基金远远高于债券、混合、货币市场以及其他类型基金；欧洲地区货币市场基金占比较低，而亚太地区则是货币市场基金占比超过债券基金和混合基金。

从基金数量看，欧洲开放式基金数量最多，达 47 427 只，占全球开放式基金数量的 47.2%；其次为亚太地区 26 510 只，全球占比 26.4%；美洲开放式基金 25 230 只，全球占比 25.1%；非洲地区 1 327 只，全球占比 1.3%。

基金的发展呈现四大趋势，如表 1-8 所示。

表 1-8　当前证券投资基金的发展趋势

基金发展趋势	具体情况
美国占据主导地位，其他国家发展迅猛	目前，美国的证券投资基金资产总值占世界半数以上，对全球证券投资基金的发展有着重要的示范性影响。除欧洲各国、美国、日本外，澳大利亚、亚洲新兴国家和地区（如新加坡、韩国）等的证券投资基金发展也很快。随着数量、品种、规模的大幅度增长，基金日益成为各国资本市场的重要力量，市场地位和影响不断提高
开放式基金成为主流产品	20 世纪 80 年代以来，开放式基金的数量和规模大增，成为证券投资基金中的主流产品。究其原因，开放式基金市场化的运作机制和制度安排、其全面的客户服务和更加充分的信息披露及独特灵活的赎回机制适应了市场竞争的客观需要，是金融创新顺应市场发展潮流的集中体现和必然结果
市场竞争加剧，行业集中趋势突出	证券投资基金的发展过程中行业集中趋势明显，资产规模位居前列的少数最大的基金管理公司所占的市场份额不断扩大。随着市场竞争的加剧，许多基金管理公司不得不走上兼并、收购的道路，进一步加剧了基金市场的集中趋势
基金资产的资金来源发生了重大变化	个人投资者一直是传统上的证券投资基金的主要投资者，但目前已有越来越多的机构投资者，特别是退休基金成为基金的重要资金来源。美国共同基金业的迅速发展壮大与退休养老金快速增加紧密相关

2. 我国基金业的发展概况

我国基金业的发展可以分为四个历史阶段，如表 1-9 所示。

表 1-9　我国基金业发展的四个历史阶段

阶　　段	时　　期	特　　点
萌芽和早期发展阶段	1985—1997 年	1985 年中资金融机构涉足基金→境内第一家规范的基金诞生→基金热潮→基金停滞
试点发展阶段	1998—2002 年	1997 年 11 月 14 日，《证券投资基金管理暂行办法》之后，基金规范化运作→封闭式基金成功试点的基础上推出开放式基金→对老基金进行全面规范清理→开放式基金的发展为基金产品的创新开辟了新的天地

续表

阶　段	时　期	特　点
行业快速发展阶段	2002—2008 年	2004 年 6 月 1 日《证券投资基金法》实施之后，基金业监管的法律体系日益完善→基金品种丰富，开放式基金成为市场发展的主流→基金公司业务走向多元化，对外开放程度不断提高，出现一批规模较大的基金管理公司→个人投资者成为基金的主要持有者
行业平衡发展及创新探索阶段	2008 年至今	2012 年 6 月 6 日，中国证券投资基金业协会正式成立，修订后的《证券投资基金法》于 2013 年 6 月 1 日正式实施，放松管理，加强监管→基金公司业务和产品创新→互联网金融与基金业有效结合→股权与公司治理创新有突破→专业化分工推动行业服务体系创新，混业化与大资产管理局面显现

（1）萌芽和早期发展阶段

20 世纪 70 年代末的中国经济体制改革，引发了社会对资金的巨大需求。1987 年，中国新技术创业投资公司（中创公司）与汇丰集团、渣打集团在中国香港联合设立了中国置业基金，首期筹资 3 900 万元人民币，直接投资于以珠江三角洲为中心的周边乡镇企业，并随即在香港联合交易所上市。这标志着中资金融机构开始正式涉足投资基金业务。上海证券交易所与深圳证券交易所相继于 1990 年 12 月、1991 年 7 月开业，标志着中国证券市场正式形成。

在境外中国概念基金与中国证券市场初步发展的影响下，中国境内第一家较为规范的投资基金——淄博乡镇企业投资基金（简称淄博基金），于 1992 年 11 月经中国人民银行总行批准正式设立。该基金为公司型封闭式基金，募集规模 1 亿元人民币，60% 投向淄博乡镇企业，40% 投向上市公司，并于 1993 年 8 月在上海证券交易所最早挂牌上市。淄博基金的设立揭开了投资基金业在内地发展的序幕，并在 1993 年上半年引发了短暂的中国投资基金发展的热潮。1993 年下半年，经济发展过热引发了通货膨胀，政府加强了宏观调控。在这种情况下，投资基金的审批受到限制。1994 年后，我国进入经济金融治理整顿阶段，中国基金业的发展因此陷于停滞状态。

相对于 1998 年《证券投资基金管理暂行办法》实施以后发展起来的新的证券投资基金（简称"新基金"），人们习惯上将 1997 年以前设立的基金称为"老基金"。截至 1997 年年底，老基金的数量共有 75 只，筹资规模在 58 亿元人民币左右。

（2）试点发展阶段

1997 年 11 月 14 日，国务院证券监督管理委员会颁布了《证券投资基金管理暂行办法》。中国基金业的发展进入规范化的试点发展阶段，表现出以下几个方面的特点。

1）基金在规范化运作方面得到很大的提高。《证券投资基金管理暂行办法》对基金管理公司的设立规定了较高的准入条件：基金管理公司的主要发起人必须是证券公司或信托投资公司，每个发起人的实收资本不少于 3 亿元人民币。较高的准入门槛和严格的审批制度首先保证了基金的规范化运作，在很大程度上确保了基金的社会公信力；其次明确了基金托管人在基金运作中的作用；最后建立了较为严格的信息披露制度。

2）在封闭式基金成功试点的基础上成功地推出开放式基金。1998 年 3 月 27 日，经中国证监会批准，新成立的南方基金管理公司和国泰基金管理公司分别发起设立了两只规模均为 20 亿元的封闭式基金——基金开元和基金金泰，由此拉开了中国证券投资基金试点的序幕。在试点的第一年——1998 年，我国共设立了 5 家基金管理公司，管理封闭式基金数量 5 只，募集资金 100 亿元人民币，年末基金资产净值合计 107.4 亿元人民币。1999 年，基金管理公司的数量增加到 10 家，全年共有 14 只新的封闭式基金发行。

在封闭式基金成功试点的基础上，2000 年 10 月 8 日，中国证监会发布了《开放式证券投资基金试点办法》。2001 年 9 月，我国第一只开放式基金——华安创新诞生，使我国基金业发展实现了从封闭式基金到开放式基金的历史性跨越。此后，开放式基金逐渐取代封闭式基金成为中国基金市场发展的方向。

3）对老基金进行了全面规范清理，绝大多数老基金通过资产置换、合并等方式被改造为新的证券投资基金；监管部门出台了一系列鼓励基金业发展的政策措施，包括向基金进行新股配售、允许保险公司通过购买基金间接进行股票投资等。对基金进行新股配售，提高了基金的收益水平，增强了基金对投资者的吸引力，对基金业的发展起到了重要的促进作用。允许保险公司通过购买基金间接进行股票投资，使保险公司成为基金的最大机构投资者，有力地支持了基金业在试点时期的规模扩张。

4）开放式基金的发展为基金产品的创新开辟了新的天地。2002 年 8 月，我国封闭式基金的数量增加到 54 只。其后由于一直处于高折价交易状态，封闭式基金的发展陷入停滞状态。与此相反，开放式基金的推出为我国基金业的产品创新开辟了新的天地，基金品种日益丰富：2002 年 8 月推出了第一只以债券投资为主的债券基金——南方宝元债券基金，2003 年 3 月推出了我国第一只系列基金——招商安泰系列基金，2003 年 5 月推出了我国第一只具有保本特色的基金——南方避险增值基金，2003 年 12 月推出了我国第一只货币型市场基金——华安现金富利基金。

（3）行业快速发展阶段

2004 年 6 月 1 日开始实施的《证券投资基金法》为我国基金业的发展奠定了重要的法律基础，标志着我国基金业的发展进入了一个新的发展阶段。我国基金业在发展上出现了以下一些新的变化。

1）基金业绩表现异常出色，创历史新高。2006 年股票型开放式基金平均净值收益率达到 121.435%，封闭式基金平均净值收益率为 105.26%。

2）基金业资产规模急速增长，基金投资者队伍迅速壮大。2006 年全部证券投资基金资产规模合计 8 564.61 亿元，相比 2005 年增幅超过 80%，2007 年年底，全部 368 只证券投资基金资产净值合计 32 786.17 亿元，是 2006 年同期的 3.83 倍。2007 年年底，基金投资者已经超过 1 亿户，大约 1/4 的中国家庭购买了基金，基金资产总规模相当于城乡居民人民币储蓄总额的 1/6，基金业的影响力显著上升。

3）基金产品和业务创新继续发展。《证券投资基金法》实施以来，基金产品的创新层出不穷，先后出现了生命周期基金、QDII 基金、结构分级基金等多种创新产品。具有代表性的基金创新产品包括：2004 年 10 月成立的国内第一只上市开放式基金（LOF）——南方积极配置基金，2004 年年底推出的国内第一只交易型开放式指数基金（ETF）——华夏上证 50ETF，2006 年 5 月推出的国内第一只生命周期基金——汇丰晋信 2016 基金，2007 年 7 月推出的国内第一只结构化基金——国投瑞银瑞福基金，2007 年 9 月推出的第一只 QDII 基金——南方全球精选基金 QDII 基金，2008 年 4 月推出的国内第一只社会责任基金——兴业社会责任基金等。

（4）行业平衡发展及创新探索阶段

1）沪港通机制正式启动，沪港深基金诞生。2015 年 3 月 27 日，中国证监会颁布《公开募集证券投资基金参与沪港通交易指引》，允许符合一定条件的公募基金透过沪港通机制直接投资港股，不再需要借道合格境内机构投资者（QDII）机制。沪港通基金不但可以投资于港股市场，还能同时投资于境内 A 股市场，通过 A 股＋港股通灵活配置，捕捉两地市场轮动机会，为投资者提供更广阔的投资范围。普通 QDII 基金只能投资于境外市场，不能同时投资于 A 股，是单向投资。对于账户资产不足 50 万元的个人投资者来说，沪港通基金能够以较低成本提供便捷的港股投资渠道。2015 年共有 39 只沪港深基金通过证监会注册，其中，景顺长城沪港深精选股票型证券投资基金是国内第一只主动管理的沪港通基金。

2）中国内地和香港互认基金注册发行。2015 年 5 月 22 日，中国证监会与香港证监会就开展内地与香港基金互认工作签署《关于内地与香港基金互认安排的监管合作备忘录》，并同时发布《香港互认基金管理暂行规定》，自 2015 年 7 月 1 日起施行。2015 年 12 月 18 日，中国证监会正式注册了首批 3 只香港互认基金，分别为摩根亚洲总收益债券基金、恒生中国 N 股指数基金、行健宏扬中国基金。香港证监会于同日注册了首批 4 只内地互认基金，分别为华夏回报混合证券投资基金、工银瑞信核心价值混合型证券投资基金、汇丰晋信大盘股票型证券投资基金、广发行业领先混合型证券投资基金。2015 年年底，中国证监会共通过了 4 只互认基金注册，香港证监会通过了 13 只互认基金注册。

3）国内首只公募 REITs 基金发行。2014 年 6 月中国证券监会发布《关于大力推进证券投资基金行业创新发展的意见》，研究推出动产投资基金。2015 年 7 月 6 日鹏华前海百尺万科 REITs 封闭式混合基金作为创新个案试点获批成立。

4）大数据基金发展多样化。大数据基金是互联网概念与金融投资不断融合的产物。2014 年第一只大数据指数型基金广发百发 100 发起成立。2015 年又出现多个指数型大数据基金，产品类型不断深化，管理方式、运作模式和数据来源进一步创新，出现了主动管理型的大数据基金。

截至 2015 年年底，共有公募基金管理人 112 家，其中基金管理公司 101 家，取得公募基金管理资格的证券公司或证券公司资管子公司共 10 家，保险资管公司 1 家；管理公募基金产品 2 722 只；基金份额 76 674.13 亿份，资产规模 83 971.83 亿元。

3. 证券投资基金在宏观经济金融中的作用

（1）为中小投资者拓宽了投资渠道

对中小投资者来说，储蓄或购买债券较为稳妥，但收益率较低。投资于股票有可能获得较高收益，但在资金量有限的情况下，很难做到组合投资、分散风险。此外，股票市场变幻莫测，中小投资者由于缺乏投资经验，再加上信息条件的限制，很难在股市中获得良好的投资收益。证券投资基金作为一种面向中小投资者设计的间接投资工具，把众多投资者的小额资金汇集起来进行组合投资，由专业投资机构进行管理和运作，从而为投资者提供了有效参与证券市场的投资渠道。但截至 2015 年年末，个人持有的公募基金仅占家庭金融资产的 3.7%，而银行存款和银行理财两项合计达 77.8%。公募基金作为专业化投资管理服务远未符合居民财富增长需要，未来有很大的发展空间。

你为什么买基金

拓展知识

问一个所有基金投资者都需要考虑的问题：你为什么买基金？

买基金是为赚钱、存钱，还是为财富的正常增长？如果基金收益率不如股票，你为什么要买它？归纳起来大概有四类答案。

第一类：想赚钱

"股市在涨啊！"A 君不擅长炒股但希望获得比肩股市的收益。

"工资太少了！"B 君在工资收入之外还需要一定比例的财富增长，才能支撑有品质的生活。

第二类：当储蓄

"比存银行利息高！"C 君事实上是彻底的风险厌恶者。

"每月强制性存点钱！"D 君把基金定投等同于储蓄。

第三类：要理财

"除了基金，我还买了保险、国债、股票！"E 君将基金作为理财组合中的品种之一。

"指数基金相当于我投资组合中最稳妥的一只股票！"F 君是专业的股票投资者。

第四类：从众

"媒体上都在讲买基金不错！"G 君受到广告和新闻宣传的影响而购买。

"我周围的亲戚朋友买基金赚钱了！""银行经理帮我挑的基金！"H 君和 I 君在人际传播中受暗示性较大。

（2）优化金融结构，促进经济增长

目前，我国金融结构存在直接融资和间接融资相对失衡，通过证券市场的直接融资比重较小，且有不断萎缩的态势。储蓄资金滞留在银行系统，既增大了商业银行的经营压力，不利于银行体制的改革，也增大了整个金融体系的风险。证券投资基金将中小投资者的闲散资金汇集起来投资于证券市场，实际上起到了将储蓄资金转化为生产资金的作用，扩大了直接融资的比例，降低了金融行业系统性风险，有利于生产力的提高和国民经济的发展。

（3）有利于证券市场的稳定和健康发展

证券投资基金的发展，有助于改善我国目前以个人投资者为主的不合理的投资者结构，不同类型、不同投资对象、不同风险与收益特性的证券投资基金，在给投资者提供广泛选择的同时，也成为资本市场不断变革和金融产品不断创新的源泉之一。证券投资基金在投资组合管理过程中对所投资证券进行的深入研究与分析，有利于促进信息的有效利用和传播，有利于市场合理定价，有利于市场有效性的提高和资源的合理配置。

证券投资基金的发展促进了证券市场的国际化。与外国合作组建投资基金，逐步、有序地引进外资投资本国证券市场，使监管当局能控制好利用外资的规模和市场开放程度，有利于本国证券市场循序渐进地国际化。至 2015 年年末，我国开放式基金资产规模排在全球第 9 位，占共同基金总规模的比重为 3.4%，而美国占 47.7%。与我国世界第二的经济总量相比，共同基金发展仍处于较低水平，发展潜力巨大。

（4）有利于完善金融体系和社会保障体系

证券投资基金行业的发展有利于促进保险市场和货币市场的发展壮大，增强证券市场与保险市场、货币市场之间的协同，改善宏观经济政策和金融政策的传导机制，完善金融体系。此外，国际经验已经表明，证券投资基金的专业化服务可为社保基金、企业年金等各类养老金提供保值增值平台，促进社会保障体系的建立与完善。

从业资格考试训练题

一、单选题（以下备选答案中只有一项最符合题目要求）

1．证券投资基金是一种利益共享、风险公担的（　　）投资方式。

    A．集合　　　　　　B．集资　　　　　　C．联合投资　　　　D．合作

2．证券投资基金在美国被称为（　　）。

    A．证券投资信托基金　　　　　　　　B．共同基金

    C．信托产品　　　　　　　　　　　　D．单位信托基金

3．通常情况下，与股票和债券相比，证券投资基金是一种（　　）的投资品种。

    A．高风险、高收益　　　　　　　　　B．低风险、低收益

    C．风险相对适中、收益相对稳健　　　D．基本没有风险

4．基金（　　　）通过依法行使审批或核准权,依法办理基金备案,对基金管理人、基金托管人及其他从事基金活动的中介机构进行监督管理,对违法行为进行查处,在基金的运作过程中起着重要的作用。

A．份额持有人
B．监管机构
C．托管人
D．注册登记机构

5．证券投资基金起源于19世纪的（　　　）。

A．英国
B．美国
C．法国
D．荷兰

6．我国国内第一只契约型开放式证券投资基金是（　　　）。

A．基金金泰
B．华安创新证券投资基金
C．基金开元
D．南方稳健发展证券投资基金

7．2004年6月1日,开始实施的（　　　）为我国基金业的发展奠定了法律基础,标志着我国基金业的发展进入了一个新的阶段。

A．《证券投资基金管理暂行办法》
B．《中华人民共和国公司法》
C．《证券投资基金法》
D．《中华人民共和国证券法》

8．我国《证券投资基金法》规定,基金管理人只能由依法设立的（　　　）担任。

A．基金管理公司　　B．基金托管人　　C．投资管理公司　　D．基金发起人

9．我国基金托管人由（　　　）批准的商业银行担任。

A．证监会
B．中国人民银行
C．证监会和人民银行
D．证监会和银监会

10．下列选项中具有法人资格的是（　　　）

A．契约型基金　　B．合伙组织　　C．公司型基金　　D．开放式基金

二、多选题（以下备选答案中有两项或两项以上符合题目要求）

1．世界各国和地区对证券投资基金的称谓不尽相同,目前的称谓有（　　　）。

A．共同基金
B．单位信托基金
C．证券投资信托基金
D．集合投资产品

2．证券投资基金主要特征表现为（　　　）。

A．实行专业管理、专家操作

B．以组合投资、分散风险为基本原则

C．实行资产经营与保管相分离的管理制度

D．实行利益共享、风险共担的分配原则

E．以纯粹的投资为目的

F．基金是一种集合投资制度

3．基金市场的参与主体主要包括（   ）。

    A．基金投资者　　　　　　　　　B．基金管理人和基金托管人

    C．基金销售机构等市场服务机构　　D．基金监管与自律组织

4．下列说法中，符合证券投资基金内涵的有（   ）。

    A．利益共享、风险共担　　　　　　B．基金资产主要投资于证券

    C．投资操作与财产保管相分离　　　D．实行组合投资

5．下列关于我国证券投资基金的表述正确的是（   ）。

    A．证券投资基金是一种获取固定收益的证券

    B．公募证券投资基金可以向社会公开发行

    C．证券投资基金通过公开发售方式募集

    D．证券投资基金主要投资于证券市场

6．目前，证券投资基金在世界范围内的发展呈现的趋势和特点包括（   ）。

    A．基金行业集中度突出

    B．开放式基金成为主流产品

    C．机构投资者，特别是退休基金成为基金的重要资金来源

    D．快速发展，市场地位和影响不断提高

7．基金反映的是一种（   ）关系，投资者购买基金份额就成为基金的受益人。

    A．所有权　　　　B．信托　　　　　C．受益　　　　　D．债权

8．下列关于私募基金的说法，正确的是（   ）。

    A．募集对象特定　　　　　　　　　B．可以上市交易

    C．公开募集　　　　　　　　　　　D．不完全要求信息披露

9．证券投资基金与银行储蓄存款有较大差别，主要表现在（   ）。

    A．性质不同　　　　　　　　　　　B．收益与风险大小不同

    C．信息披露程度不同　　　　　　　D．投资主体不同

10．基金注册登记机构是指负责基金（   ）业务的机构。

    A．登记　　　　　B．存管　　　　　C．清算　　　　　D．交收

三、判断题（正确的用 A 表示，错误的用 B 表示）

1．证券投资基金是指通过发行基金份额集中投资者的资金，进行股票、债券、实业等投资的一种集合投资方式。（   ）

2．一般而言，证券投资基金通过组合投资可以分散投资风险。（　　　）

3．证券投资基金的公募发行是指以公开方式向个人投资者发行基金的方式。（　　　）

4．《证券投资基金法》规定，依法设立并取得基金托管资格的证券公司才能出任基金托管人。（　　　）

5．封闭式基金的价格受市场供求关系的影响，开放式基金的申购、赎回价格则取决于基金份额净值的大小。（　　　）

6．在我国，基金托管人负责基金投资操作，基金财产的保管由独立于基金托管人的基金管理人负责。（　　　）

7．基金是一种间接投资工具，所筹集的资金主要投向有价证券等金融工具。（　　　）

8．证券投资基金实行"利益共享、风险共担"，即投资者根据其持有基金份额的多少，分配基金投资的收益或承担基金投资的风险。（　　　）

9．商业银行必须向中国银监会申请基金代销业务资格后才能从事基金的代销业务。（　　　）

10．2001年1月，"华安创新"诞生标志着我国基金业由封闭式向开放式跨越。（　　　）

四、问答题

1．作为一种投资工具，证券投资基金的特点是什么？

2．证券投资基金与股票、债券和银行储蓄存款有什么区别？

3．目前全球基金业发展具有哪些特点？

五、能力训练题

　　某基金公司的几位客户经理在某居民小区内进行业务拓展，社区居民积极地前来咨询基金投资的问题，各位客户经理既热情又认真地为社区居民提供咨询服务。

　　（1）模拟客户经理的每个小组成员都要积极接待客户，耐心地为潜在客户进行解答，注意语言的准确性、完整性和专业性，咨询过程中要体现职业精神。

　　（2）模拟客户的同学要尽量多问基金投资方面的问题，并且要有意设置障碍，提出疑惑或困难，要求客户经理进行讲解和分析。可供选择的问题及回答的要点如表1-10所示。

表 1-10　可供选择的问题和回答的要点

可供选择的问题	回答的要点
什么是基金	发售基金份额，将众多投资者的资金集中起来，利益共享、风险共担的集合投资方式
基金种类有哪些？这么多种基金，我该如何选择	选择适合自己的基金，首先要测测你的风险承受能力和风险偏好，确定自己是哪种类型的投资者
为什么说投资基金的风险较小	基金经理在建仓时采用组合投资策略，这样可以较大限度地降低风险
我把钱交给谁？我不认识他们，我能放心吗？谁对我的基金负责	基金募集者是基金管理公司，具体进行投资管理的是基金经理，国家对此进行严格的监督，基金管理公司及基金经理必须遵守法律和相关规定
基金经理给我分红吗	利益共享，风险共担。基金投资资产有收益后，会按投资比例分红
要是基金经理人带着我们的钱跑掉了呢	他根本不可能这样做，因为他自己拿不到这些钱。这些钱被直接划进银行接受监管
我的基金投资收益来源是什么	买卖证券差价、基金投资证券所获得的红利、股息、债券利息、银行存款利息（股票基金）等
买卖基金包括哪些费用	基金管理费、托管费等基金运作费用，认购费、申购费和赎回费等
我们该去哪里买基金	银行、证券公司、基金公司
为什么我的基金会赔钱	投资者投资观念不正确或投资行为有误

项目二
为投资者选择基金类型提供咨询服务

学习目标

知识目标

掌握基金的类型及各自特点；了解不同类型投资者投资基金的特点。

能力目标

能够把不同投资风格的投资者与不同类型的基金相对应。

学习任务

任务 1　掌握不同类型证券投资基金的投资特点

任务 2　为投资者选择合适的基金类型提供咨询服务

2017 年基金收益丰厚、货币基金最抢眼

2017 年度 A 股市场跌宕起伏，散户收益不尽如人意。数据显示，剔除 2017 年新上市的股票，获得正收益的股票占比仅 23%，这意味着近八成股票都为负收益，其中，有 1 561 只个股的跌幅超 20%。在这样的"二八"行情下，公募基金凭借强大的投研能力，业绩全面崛起，其中，1 392 只普通股票型和偏股混合基金中，有 1 239 只主动偏股基金取得正收益，占比高达 88.72%。而且这些偏股基金平均收益率达 13.27%，有超过六成基金都跑赢大盘。也就是说，就算你闭着眼买基金，赚钱的概率也高达近九成。77% 股票下跌，88% 基金收益上涨，这样的傲娇业绩直接碾压近八成散户。

尽管 2017 年权益类基金收益普遍开花。但是，最给基金公司"长脸"的依然是货币基金。天相投顾统计显示，2017 年第四季度 120 余家公募基金管理人麾下 6 308 只基金产品合计为投资者赚得 1 317.63 亿元。其中，货币基金贡献利润 700 多亿元，占据总利润的一半以上。其次，混合基金、债券基金、股票基金分别贡献约 460 亿元、36 亿元和 76 亿元，商品基金亏损 2.04 亿元。

虽然 2017 年偏股型基金取得了平均超过 100% 的年回报率，但事实上，这样的行情是非常特殊的，就是在证券市场相对成熟稳定的发达国家，股票基金的年平均回报率也就是 10% ～ 20%，出现亏损、负收益的风险大大存在。因此，投资者需要确定适合自己的基金类型，在自己的组合中配置不同风险的基金产品。

其实，买基金如同买衣服，只有尺寸、颜色、款式和风格都适合自己，才是称心如意的衣服。投资基金也是这个道理。投资者一方面要充分评估自己的风险承受能力、投资偏好、收益目标等；另一方面要了解所投资的基金产品的类型、风险收益特性等。只有二者都清楚了，才能够找到最适合自己投资的基金产品。

开放式基金可以分为四种基本类型：最激进的股票基金，主要投资于股票，收益高，风险也高；较为激进的混合基金，分散投资于股票、债券和货币市场工具，风险和收益水平都适中；较为保守的债券基金，主要投资于债券，以获取固定收益为目的，风险和收益较前两者小得多；最保守的货币市场基金，仅投资于货币市场工具，收益稳定，风险极低。

就像保守人士通常不会选择大胆前卫的服装一样，希望获取高收益、愿意承受一定风险的投资者，可多选择股票基金；有一定风险承受度和较高收益偏好，但又不想冒过多风险的投资者，就适合选择混合基金；而极度厌恶风险喜欢稳定收益的投资者，应选择货币市场基金或债券基金。

（资料来源：根据《南京日报》刊登的管伟"2017 年基金收益丰厚货币基金最抢眼"一文整理，2018 年 1 月 26 日）

以上资料表明，投资基金有多种类型，不同类型的基金有不同的特点，而不同的投资者有不同的投资需求，投资者要选择适合自己的基金类型。金融机构的客户经理也要根据证券市场的行情和客户的投资风险收益偏好，选择其适合的投资类型及个体基金品种。

任务1　掌握不同类型证券投资基金的投资特点

【模拟情境】

唐僧师徒四人西天取经回来，加官晋爵，一夜暴富，但坐吃空山，生财无道，很快就觉得手头紧了，看看其他神仙逍遥自在的样子，很美慕。后来四人看到财神爷门前的基金卖得很火，于是决定向财神爷买点基金。财神爷让智多星根据他们的情况做了一个诊断。

唐三藏：故步自封型，难以接受新事物，小气、节约，属于保守型投资者。面对基金这种新鲜事物，一下不会接受的。作为师父级人物，其收入颇丰，但其投资只选银行储蓄。所以建议他先买点货币基金。货币基金的收益率一般情况下比银行定期还多一点，而且比定存方便多了，这样唐僧就会慢慢转变观念：基金可以把死钱转活。

孙悟空：聪明、急躁型，但有长远眼光，敢于冒险，好大喜功，属于积极型投资者。虽然收入在三兄弟中最高，可惜全都用在应酬上了，因此建议他节省开支买股票基金。不过孙悟空急躁，怕过两天赚了点钱又想赎回去买点桃吃了，所以还得用基金转换"紧箍咒"，让他耐不住时可以将基金转换为货币基金，可以省下不少手续费，分红方式选择现金分红，分的红利够他买桃、请朋友喝点酒，还可以吹嘘一下。

猪八戒：好吃懒做，今朝有酒今朝醉，典型的月光族，属于成长型投资者。智多星建议猪八戒买混合基金，还要让高老庄高小姐在猪八戒发工资时直接由财务将工资中的一部分钱直接用于基金定投。

沙僧：老实本分，稳重，但行事谨慎，做事犹豫不定，认定之后就很执着，属于稳健型投资者。他适合买稳健的基金，如混合基金中偏债的基金，做长期投资，可以选择后端收费，投资期限长一些，收益就很可观了。

（资料来源：看唐僧师徒四人是如何买基金的，世界财经报道，http://finance.icxo.com）

【规则与要求】

（1）以小组为单位，六人一组，根据基金类型与投资者风险偏好确定相关知识，针对唐僧师徒四人的特征，每个组选择一个人物，讨论所选人物的风险偏好特征与投资风格特点。

（2）以小组为单位，根据以上讨论结果，给所选的人物配置相应类型的基金，说明配置的理由，并派代表发言。

（3）教师引导学生学习基金类型及投资风格等知识，辅助学生完成任务。

【评价标准】

由学生互评、教师点评相结合，评价标准如下。

（1）对人物的风险偏好特征与投资风格特点描述是否合理。

（2）给所选人物配置的相应类型基金是否合适。

（3）团队成员参与活动的态度好坏与团队合作的效率高低。

【相关知识】

1. 基金分类的意义

经过短短几年的发展，截至 2015 年年底，我国的基金数量有 3 000 多只。随着基金数量、品种的不断增多，投资者需要在众多的基金中选择适合自己风险收益偏好的基金。科学合理的基金分类将有助于投资者加深对各种基金的认识及对风险收益特征的把握，有助于投资者做出正确的投资选择与比较。对基金管理公司而言，基金业绩的比较应该在同一类别中进行才公平合理。对基金研究评价机构而言，基金的分类则是进行基金评级的基础。对监管部门而言，明确基金的类别特征，将有利于针对不同基金的特点实施更有效的分类监管。

2. 基金类型

由于基金市场的不同参与者对基金关注的角度不同，对基金进行分类的依据和结果也不相同。《证券投资基金运作管理办法》将我国基金分为股票基金、债券基金、混合基金、货币市场基金等基本类型，具体如图 2-1 所示。

```
                              ┌─ 封闭式基金
              根据运作方式不同 ─┤
                              └─ 开放式基金

                              ┌─ 公司型基金
              根据组织方式不同 ─┤
                              └─ 契约基金

                              ┌─ 股票基金
                              ├─ 混合基金
              根据投资对象不同 ─┤
                              ├─ 债券基金
                              └─ 货币市场基金

                              ┌─ 成长型基金
              根据投资目标不同 ─┤─ 收入型基金
                              └─ 平衡型基金

  基金分类 ─               ┌─ 主动型基金
              根据投资理念不同 ─┤
                              └─ 被动型基金

                              ┌─ 公募基金
              根据募集方式不同 ─┤
                              └─ 私募基金

                              ┌─ 在岸基金
              根据资金来源不同 ─┤
                              └─ 离岸基金

                              ┌─ 伞形基金
                              ├─ 保本基金
              特殊类型基金 ─────┤─ FOF 和 QDII
                              ├─ ETF 和 LOF
                              └─ 分级基金
```

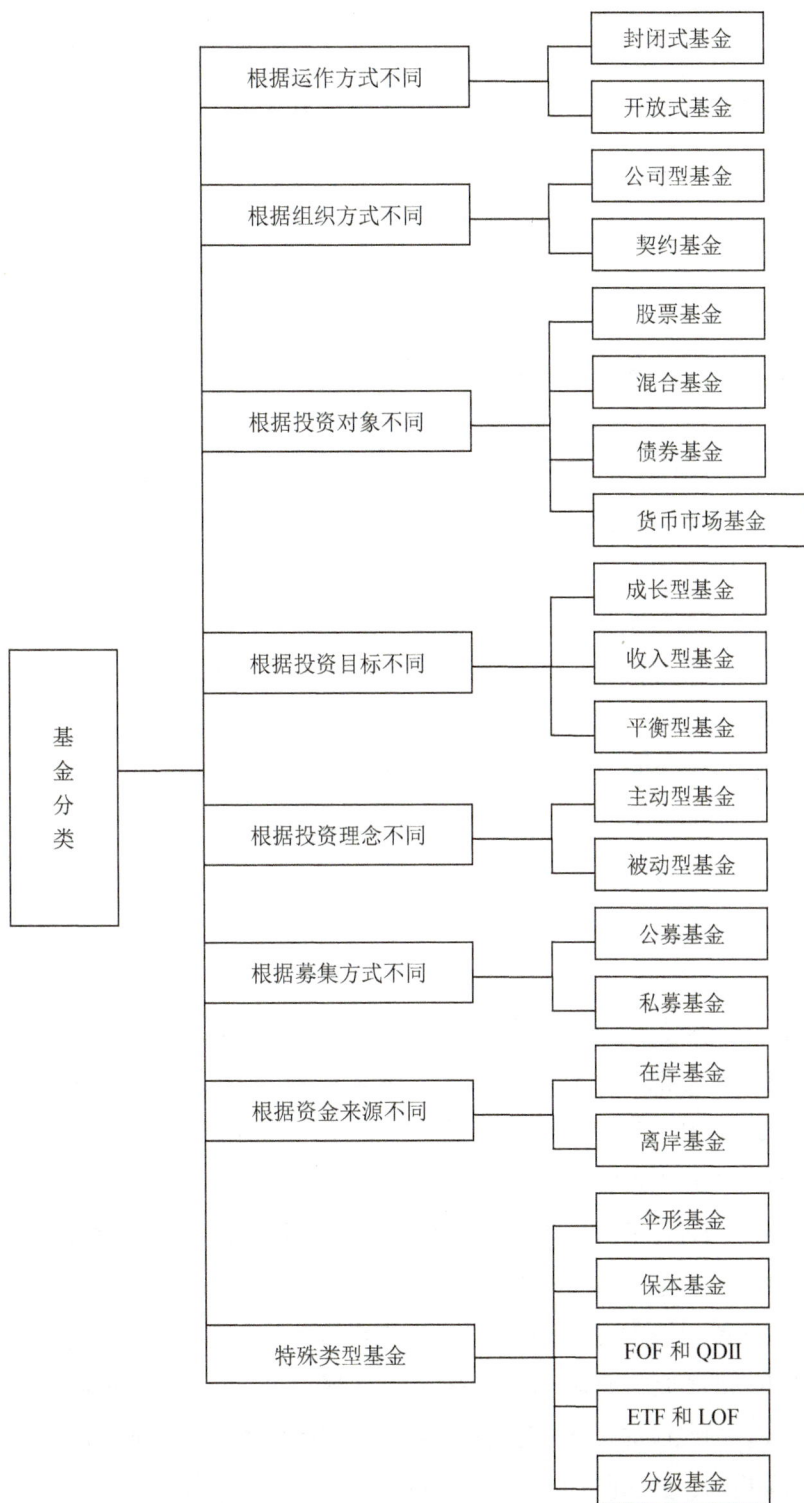

图 2-1　基金类型

（1）股票基金、债券基金、货币市场基金、混合基金

股票基金以股票投资为主，货币市场基金以货币市场工具为投资对象。在我国现行法规的规定下，60% 以上的基金资产投资于股票的，为股票基金；80% 以上的基金资产投资于债券的，为债券基金；仅投资于货币市场工具的，为货币市场基金；投资于股票、债券和货币市场工具，并且股票投资和债券投资比例不符合股票基金、债券基金规定的为混合基金。

（2）成长型基金、收入型基金和平衡型基金

成长型基金追求资产的长期增值，而不是追求资产在短期内最大增值，主要投资于具有良好增长潜力的股票，如高科技股票等。所谓成长型股票，是指企业发行的具有良好前景的股票，其价格预期上涨速度要快于一般公司的股票或股价综合指数。发行这类股票的公司往往由于有新产品、新管理层，或者整个产业类型趋于兴旺，并把其收入用于再投资，因此其资本增长速度一般快于国民经济和同行业的增长速度。成长型基金经理人购买这种股票并适时卖出，即可以从中获取利益。由于成长型股票价格波动大，损失投资本金的风险也比较高，成长型基金被认为是风险较高的基金类型。

收入型投资基金追求的目标是在稳定的前提下，取得最大的当前收入，而不强调资本的长期利益和成长。该基金的经理人通常选择能够带来现金利息的投资对象，其投资组合主要包括利息较高的债券、优先股和普通股。投资这些类型的证券，投资收益较为稳定，但长期增长的潜力小，而且当市场利率波动较大的时候，收益稳定证券的价格容易大幅震荡，基金净值会因此受到影响。

平衡型基金的投资目标是既要获得当期收入，又要求基金资产长期增值。平衡型基金把资金分散投资于股票和债券，分散于高成长股票与收益型股票，以保证资金的安全性和盈利性。它的投资策略是将资产分别投资于两种或多种不同特性的证券上，在以取得收入为目的的债券、优先股、收益股和以资本增值为目的的高成长股之间进行平衡。平衡型基金的风险比较低，成长潜力也受到了限制。

（3）主动型基金和被动（指数）型基金

主动型基金是一类力图超越基准组合表现的基金。被动型基金则不主动寻求取得超越市场的表现，而是试图复制指数的表现，并且一般选取特定的指数作为跟踪的对象，因此通常又被称为指数型基金。相比较而言，主动型基金比被动型基金的风险更大，但取得的收益也可能更大。

（4）公募基金和私募基金

公募基金和私募基金的比较如表 2-1 所示。

表 2-1　公募基金和私募基金的比较

	含　义	特　征	总　评
公募基金	经基金监管部门批准公开募集、募集对象不加以限制、可以面向社会公众和机构公开募集的基金	基金募集对象不固定，可以面向社会公众公开发售的基金；募集要求相对较高，基金运作必须遵守基金法律和法规的约束，并接受监管部门的监管	最低投资金额相对较低，投资风险相对较小，比较适宜中小投资者
私募基金	只能通过非公开的方式向特定投资者募集发售的基金	私募基金只能面向特定投资者募集发售基金份额，基金份额不能公开募集发售；基金运作相对宽松，所受到的限制和约束相对较少，具有较大的灵活性	对投资者的资格有一定的要求，并对投资者的人数也进行了严格限制；最低投资金额相对较高，投资风险相对较大，主要适宜具有较强风险承受能力的特定投资者

（5）在岸基金和离岸基金

在岸基金是指在本国募集资金并将募集资金投资于本国证券市场的基金。其主要特征是基金的投资者、管理人、托管人、其他当事人及基金的投资市场均在本国境内，基金运作必须遵守本国基金法律和法规的约束，本国监管部门对基金监管比较容易。

离岸基金是指一国的证券投资基金组织在他国募集资金，并将募集资金投资于本国或第三国证券市场的基金。其主要特征是基金的投资者、托管人、管理人、其他当事人及基金的投资市场在两个或两个以上的国家或地区，基金运作涉及两个或两个以上国家或地区的基金法律和法规，监管部门对基金监管难度相对较大。

（6）其他基金

伞形基金也称"伞子基金"或"伞子结构基金"，是指基金发起人根据一份总的基金招募书，设立多只相互之间可以根据规定的程序及费率水平进行转换的基金，即一个母基金之下再设立若干子基金，各个子基金依据不同的投资方针和投资目标进行独立的投资决策。其最大特点是在母基金内部可以为投资者提供多种投资选择，费用较低或者不收转换费用，能够方便投资者根据市场行情的变化选择和转换不同的子基金。

保本基金是指通过采用投资组合保险技术，在锁定下跌风险的同时，力争有机会获得潜在的高回报，保证投资者在投资到期时至少能够获得投资本金或一定回报的基金。

上市交易型开放式指数基金又称交易所交易基金（Exchange Traded Fund，ETF）是一种在交易所上市交易、基金份额可变的开放式基金。一般采用被动式投资策略跟踪某一标的的市场指数，因此具有指数基金的特点。

上市开放式基金（LOF）是一种既可以在场外市场进行基金份额的申购和赎回，又可以在交易所进行基金份额交易和基金份额申购或赎回，并通过份额转托管机制将场外市场与场内市场有机联系在一起的基金运作方式。

基金中的基金（Fund of Funds，FOF）是专门投资于其他证券投资基金的基金，它是一种结合了基金产品创新和销售渠道创新的基金品种。FOF 产品由专业投资团队运作，利用投资咨询人的基金投资评价体系和成熟的基金投资流程，选出具有持续稳定盈利能力的基金长期持有，让普通投资者免去不幸选到差基金的苦恼。

QDII 基金指在一国境内设立，经该国有关部门批准从事境外证券市场的股票、债券等有价证券投资的基金。它为国内投资者参与国际市场投资提供了便利。

分级基金是指通过事先约定基金的风险收益分配，将基础份额分为预期风险收益不同的子份额，并可将其中部分或全部上市交易的结构化证券投资基金。

拓展知识

2016 年各类开放式基金份额、净值变化如图 2-2 所示。

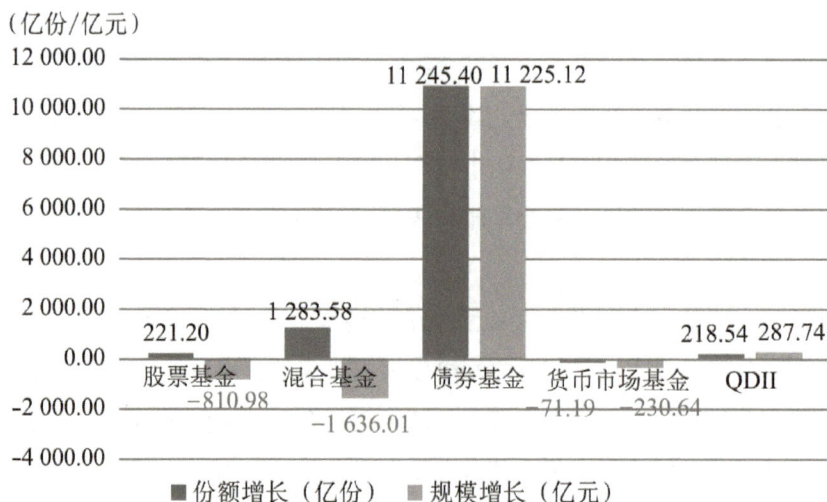

图 2-2　2016 年各类开放式基金份额、净值变化

（资料来源：中国证券投资基金业协会 2016 年基金年报）

任务2　为投资者选择合适的基金类型提供咨询服务

【模拟情境】

为张先生做基金投资基本情况咨询。客户张先生是某企业退休职工，已退休5年，每月能领到固定退休金，有几万元积蓄。但因儿子、儿媳先后下岗，孙子学业也需用钱，所以打算投资基金，目标是能使资金比银行存款收益高一些，但本人对证券知识知之甚少。

【规则与要求】

（1）要求整理出不同类型基金的特点，针对张先生的风险偏好特征，为其选择一类适合其投资的基金类型，并说明推荐理由。

（2）在模拟咨询中要体现证券客户经理的规范接待客户能力、语言沟通能力、证券类型推荐能力。

【评价标准】

由学生互评、教师点评相结合，评价标准如下。

（1）基金种类及特点等知识点介绍是否准确。

（2）对话设计是否符合角色身份。

（3）语言表达是否准确，用词是否通俗易懂。

（4）客户经理服务礼仪是否规范。

【相关知识】

1．股票基金

（1）股票基金的特点

股票基金以追求长期的资本增值为目标，比较适合长期投资。与其他类型的基金相比，股票基金的风险较高，但预期收益也较高。股票基金提供了一种长期的投资增值性，可供投资者用来满足教育支出、退休支出等远期支出的需要。与房地产一样，股票基金是应对通货膨胀最有效的手段。

（2）股票基金的类型

股票可以根据所在市场、规模、性质及所属行业等归结为几种主要类型。与此相适应，可以根据基金所投资股票的特性对股票基金进行分类。一种股票可能同时具有两种以上的属性。类似地，一只股票基金也可以被归为不同的类型。

1）按股票规模分类。按股票市值的大小将股票分为小盘股票、中盘股票与大盘股票，这是一种最基本的股票分析方法。表2-2是按股票规模分类的标准。

表2-2 按股票规模分类的标准

依据市值的绝对值进行划分		依据相对规模进行划分
小盘股票	市值小于5亿元人民币的公司	累计市值占市场总市值20%以下的公司
大盘股票	市值超过20亿元人民币的公司	累计市值占市场总市值50%以上的公司

与此相适应，专注于投资小盘股票的基金就称为小盘股票基金，类似地，有中盘股票基金和大盘股票基金之分。

2）按股票性质分类。表2-3是按股票性质分类的基金。

表2-3 按股票性质分类

基金名称	含 义	投资风格	收益与风险
价值型股票基金	收益稳定、价值被低估、安全性较高的股票，其市盈率、市净率通常较低。专注于价值型股票投资的股票基金称为价值型股票基金	投资者比成长型股票的投资者一般表现得更有耐心，更倾向于长期投资	价值型股票基金的投资风险要低于成长型股票基金，但回报通常也不如成长型股票基金。平衡型基金的收益、风险则介于价值型股票基金与成长型股票基金之间
成长型股票基金	收益增长速度快、未来发展潜力大的股票，其市盈率、市净率通常较高。专注于成长型股票投资的股票基金称为成长型股票基金	成长型股票的投资者往往会选择快进快出，进行短线操作	
平衡型基金	同时投资于价值型股票与成长型股票的基金则称为平衡型基金	介于以上两者之间的投资风格	

3）按投资风格分类。一只小盘股票既可能是一只价值型股票，也可能是一只成长型股票；而一家较大规模的大盘股票同样既可能是价值型股票，也可能是成长型股票。根据基金所持有的全部股票市值的平均规模与性质的不同而将股票基金分为九种不同投资风格的基金：大盘价值型基金、大盘平衡型基金、大盘成长型基金、中盘价值型基金、中盘平衡型基金、中盘成长型基金、小盘价值型基金、小盘平衡型基金、小盘成长型基金。

（3）股票基金的投资风险

股票基金所面临的投资风险主要包括系统性风险、非系统性风险及管理运作风险。

系统性风险即市场风险，是指由整体政治、经济、社会等环境因素对证券价格所造成的影响。系统性风险包括政策风险、经济周期性波动风险、利率风险、购买力风险、汇率风险等。这种风险不能通过分散投资加以消除，因此又称为不可分散风险。

非系统性风险是指个别证券特有的风险，包括企业的信用风险、经营风险、财务风险等。非系统性风险可以通过分散投资加以规避，因此又称为可分散风险。

管理运作风险是指由于基金经理对基金的主动性操作行为而导致的风险，如基金经理不适当地对某一行业或个股的集中投资给基金带来的风险。

股票基金通过分散投资可以大大降低个股投资的非系统性风险，却不能回避系统性投资风险，而管理运作风险则因基金而异。

不同类型的股票基金所面临的风险会有所不同。例如，单一行业投资基金会存在行业投资风险，而以整个市场为投资对象的基金则不会存在行业风险；单一国家型股票基金会面临较高的单一国家投资风险，而全球股票基金则会较好地回避此类风险。

（4）股票基金的分析

在投资基金时，投资者通常可以借助反映基金经营业绩的指标、反映基金风险大小的指标、反映基金组合特点的指标、反映基金运作成本的指标、反映基金操作策略的指标对基金投资价值进行分析。下面主要介绍前两者。

1）反映基金经营业绩的指标。反映基金经营业绩的指标主要是净值增长率，最能全面反映基金的经营成果。净值增长率对基金的分红、已实现收益、未实现收益都加以考虑，因此是最能有效反映基金经营成果的指标。

净值增长率指标计算公式：

$$净值增长率 = \frac{期末份额净值 - 期初份额净值 + 每份期间分红}{期初份额净值} \times 100\%$$

净值增长率越高，说明基金的投资效果越好。但如果单纯考察一只基金本身的净值增长率说明不了什么问题，通常还应该将该基金的净值增长率与比较基准、同类基金的净值增长率比较，才能对基金的投资效果进行全面评价。

2）反映基金风险大小的指标。股票基金以股票市场为活动母体，其净值变动不能不受到证券市场系统风险的影响。通常可以用贝塔值（β）的大小衡量一只股票基金面临的市场风险的大小。贝塔值将一只股票基金的净值增长率与股票市场某个指数联系起来，以反映基金净值变动对市场指数变动的敏感程度。

$$\beta = \frac{基金净值增长率}{股票指数增长率}$$

如果股票指数上涨或下跌1%，某基金的净值增长率上涨或下跌1%，那么该基金的贝塔值为1，说明该基金净值的变化与指数的变化幅度相当。如果某基金的贝塔值大于1，说明该基金是一只活跃或激进型基金。如果某基金的贝塔值小于1，说明该基金是一只稳定或防御型的基金。

2. 混合基金

（1）混合基金的投资特点

混合基金的风险低于股票基金，预期收益则要高于债券基金。它为投资者提供了一种在不同资产类别之间进行分散投资的工具，比较适合较为保守的投资者。

（2）混合基金的类型

混合基金尽管会同时投资于股票、债券等，但常常会依据基金投资目标的不同而进行股票与债券的不同配比。表2-4是混合基金的类型及特征。

表2-4　混合基金的分类及特征

类　　型	特　　征
偏股型基金	股票的配置比例较高，债券的配置比例相对较低，股票的配置比例是50%～70%，债券的配置比例是20%～40%
偏债型基金	债券的配置比例较高，股票的配置比例则相对较低
股债平衡型基金	股票与债券的配置比例较为均衡，比例是40%～60%
灵活配置型基金	股票、债券的配置比例会根据市场状况进行调整，有时股票的比例较高，有时债券的比例较高

（3）混合基金的投资风险

混合基金的投资风险主要取决于股票与债券配置的比例大小。一般而言，偏股型基金、灵活配置型基金的风险较高，但预期收益率也较高；偏债型基金的风险较低，预期收益率也较低；股债平衡型基金的风险与收益则较为适中。

混合基金尽管提供了一种"一站式"的资产配置投资方式，但如果购买多只混合基金，投资者在各种大类资产上的配置可能变得模糊不清，这将不利于投资者根据市场状况进行有效的资产配置。

3. 债券基金

（1）债券基金的特点

债券基金主要以债券为投资对象，因此对追求稳定收入的投资者具有较强的吸引力。债券基金的波动性通常要小于股票基金，因此常常被投资者认为是收益、风险适中的投资工具。此外，当债券基金与股票基金进行适当的组合投资时，常常能较好地分散投资风险，因此债券基金常常也被视为组合投资中不可或缺的重要组成部分。

（2）债券基金的类型

债券有不同类型，债券基金也会有不同类型。按照投资风格，债券基金的类型如表 2-5 所示。

表 2-5　债券基金的类型

投资风格	类　型		
高等级债券基金	短期高信用债券基金	中期高信用债券基金	长期高信用债券基金
中等级债券基金	短期中信用债券基金	中期中信用债券基金	长期中信用债券基金
低等级债券基金	短期低信用债券基金	中期低信用债券基金	长期低信用债券基金

（3）债券基金的投资风险

债券基金主要的投资风险包括利率风险、信用风险、提前赎回风险及通货膨胀风险。

1）利率风险。债券的价格与市场利率变动密切相关，且呈反方向变动。当市场利率上升时，大部分债券的价格会下降；当市场利率降低时，债券的价格通常会上升。通常，债券的到期日越长，债券价格受市场利率的影响就越大。与此相类似，债券基金的价值会受到市场利率变动的影响。债券基金的平均到期日越长，债券基金的利率风险越高。

2）信用风险。信用风险是指债券发行人没有能力按时支付利息、到期归还本金的风险。如果债券发行人不能按时支付利息或偿还本金，该债券就面临很高的信用风险。投资者为弥补低等级信用债券可能面临的较高信用风险，往往会要求较高的收益补偿。一些债券评级机构会对债券的信用进行评级。如果某债券的信用等级下降，将导致该债券的价格下跌，持有这种债券的基金的资产净值也会随之下降。

3）提前赎回风险。提前赎回风险是指债券发行人有可能在债券到期日之前回购债券的风险。当市场利率下降时，债券发行人能够以更低的利率融资，因此可以提前偿还高息债券。持有附有提前赎回权债券的基金将不仅不能获得高息收益，而且还会面临再投资风险。

4）通货膨胀风险。通货膨胀会吞噬固定收益所形成的购买力，因此债券基金的投资者不能忽视这种风险，必须适当地购买一些股票基金。

（4）债券基金的分析

对债券基金的分析主要集中于对债券基金久期与基金所持债券信用等级的分析。久期是指一只债券贴现现金流的加权平均到期时间。它综合考虑了到期时间、债券现金流及市场利率对债券价格的影响，可用以反映利率的微小变动对债券价格的影响，因此是一个较好的债券利率风险衡量指标。债券基金的久期等于基金组合中各个债券的投资比例与对应债券久期的加权平均。与单个债券的久期一样，债券基金的久期越长，净值的波动幅度就越大，所承担的利率风险就越高。久期在计算上比较复杂，但其应用很简单。要衡量利率变动对债券基金净值的影响，只要用久期乘以利率变化即可。例如，如果某债券基金的久期是 5 年，那么，当市场利率下降 1% 时，该债券基金的资产净值约增加 5%；而当市场利率上升 1% 时，该债券基金的资产净值约减少 5%。因此，一个厌恶风险的投资者应选择久期较短的债券基金，而一个愿意接受较高风险的投资者则应选择久期较长的债券基金。

4. 货币市场基金

（1）货币市场基金的投资特点

与其他类型基金相比，货币市场基金具有风险低、流动性好的特点。货币市场基金是厌恶风险、对资产流动性和安全性要求较高的投资者进行短期投资的理想工具或暂时存放现金的理想场所。但需要注意的是，货币市场基金的长期收益率较低，并不适合进行长期投资。货币市场基金的特点如表 2-6 所示。

表 2-6　货币市场基金的特点

特　点	内　容
基金单位净值固定不变	基金的单位净值始终保持 1 元
投资安全性高	货币市场工具的到期日一般较短，风险较低，本金安全
流动性好	投资进随时可根据需要赎回，资金到账快
投资收益稳定	收益率较稳定，一般高于同期 1 年期银行定期存款利率，还可享受加息的收益成长

续表

特　　点	内　　容
投资成本低	投资货币市场基金免认购费、申购费和赎回费，并且管理费和托管费较低
享受银行复利，收益免税	一般日日计息，月月分红，红利享受银行复利，收益免收利息税
具有支付功能	投资者可根据货币市场基金账户余额用于支付。例如，支付宝开通的"余额宝"业务就是用支付宝购买天弘货币基金

（2）货币市场基金的投资对象

按照《货币市场基金管理暂行规定》及其他有关规定，目前我国货币市场基金能够进行投资的金融工具主要包括：①现金；②1年以内（含1年）的银行定期存款、大额存单；③剩余期限在397天以内（含397天）的债券；④期限在1年以内（含1年）的债券回购；⑤期限在1年以内（含1年）的中央银行票据；⑥剩余期限在397天以内（含397天）的资产支持证券。

货币市场基金不得投资以下金融工具：①股票；②可转换债券；③剩余期限超过397天的债券；④信用等级在AAA级以下的企业债券；⑤国内信用评级机构评定的A-1级或相当于A-1级的短期信用级别及该标准以下的短期融资券；⑥流通受限的证券。

（3）货币市场基金的投资风险

货币市场基金同样会面临利率风险、购买力风险、信用风险、流动性风险。但由于我国货币市场基金不得投资于剩余期限高于397天的债券，投资组合的平均剩余期限不得超过180天，实际上货币市场基金的风险是较低的。与银行存款不同，货币市场基金并不保证收益水平。因此，尽管货币市场基金的风险较低，但并不意味着货币市场基金没有投资风险。

（4）货币市场基金分析

1）收益分析。货币市场基金的份额净值固定在1元人民币，基金收益通常用日每万份基金净收益和最近7日年化收益率表示。日每万份基金净收益是把货币市场基金每天运作的净收益平均摊到每一份额上，然后以1万份为标准进行衡量和比较的一个数据。最近7日年化收益率是以最近7个自然日平均收益率折算的年收益率。这两个反映收益的指标都是短期指标。

2）风险分析。用以反映货币市场基金风险的指标有投资组合平均剩余期限、融资比例、浮动利率债券投资情况等。

（5）货币市场基金与其他基金的比较（见表2-7）

表2-7　货币市场基金与其他基金比较

	投资对象	投资成本	投资收益	投资风险
货币市场基金	政府短期债券、短期商业票据、银行同业存款、银行间回购等。货币市场基金投资对象的剩余期限一般较短。在我国，货币市场基金只能投资剩余期限在397天以内的债券	不收取认购费、赎回费，年管理费一般只收取基金资产净值的0.2%~0.5%	资产组合产生的资本利得较小，其稳定的收益特征类似于活期存款	风险低
股票基金	股票、股权凭证资产支持证券	年管理费率1.5%~2.5%申购费率2.0%~1.5%赎回费率0.5%	波动大，收益大	风险高
债券基金	国债、公司债、企业债、可转换公司债	年管理费率1%申购费率1.0%赎回费率0.5%	波动较小，收益较低	风险适中
混合基金	股票、国债、公司债、企业债、可转换公司债、股权凭证资产支持证券等	年管理费率1.0%~1.2%申购费率1.5%赎回费率0.5%	波动适中，收益适中	风险较高
保本基金	股票、债券、衍生产品	年管理费、申购费率为1.2%，赎回费率满一年内赎回费率为2%，1~2年为1.5%，2~3年为1%，满3年不收赎回费	保本期内本金保证，收益相对稳定	保本期无风险

（6）货币市场基金与人民币理财产品的区别（见表2-8）

表2-8　货币市场基金与人民币理财产品的区别

	货币市场基金	人民币理财产品
收益稳定程度不同	收益率不固定，可能更高	收益率比较固定
流动性高低不同	可自由进出，无手续费，流动性较好	固定期限，流动性较低
政策风险不同	接受严格的监管	推出时间短，监管不完善
利率风险不同	加息时，可进行更高收益产品的投资	加息时，收益不会随之升高

由于投资对象不同，以上分类的基金在各自的投资风险与预期收益方面也有明显的区别，股票基金的预期收益和投资风险都是最高的，混合基金次之，债券基金较低，而货币市场基金的预期收益和投资风险都是最低的。各类基金的投资

特征如表 2-9 所示。

表 2-9　各类基金的投资特征

基金名称	投资优势
股票基金	为投资者提供了一种长期的投资增值性，为中小投资者进行长期投资提供了投资工具，是应付通货膨胀的有效手段，可以满足投资者远期支出的需要，适合风险承受力较强的投资者
债券基金	投资收益相对稳定，且从长期来看其收益期权高于同期的银行定期储蓄利率，对于风险偏好厌恶型的投资者来说，能够更好地满足他们的投资需求，对于资金规模较大的投资者来说，通过债券基金及股票基金、股票等不同投资产品可以构造合理的投资组合，较好地分散投资风险。债券基金为资产优化配置提供了具有一定稳定性的投资产品，是组合投资的一个重要组成部分
混合基金	混合基金的风险收益特征处于股票基金与债券基金之间，其收益高于债券基金，风险低于股票基金。为投资者提供了一种风险收益特征处于中等水平的投资工具，比较适合较为保守的投资者
货币市场基金	风险较低，流动性较好。比较适合厌恶风险、对资产流动性和安全性要求较高的短期投资者。由于收益率低，不适合进行长期投资

货币市场基金的最佳应用

拓展知识

某工薪家庭，每月还房贷 5 000 元，每月交保险费 2 000 元，讨厌在银行排队，以往都是每年年初一次性往银行存足约 84 000 元，银行及保险公司到时按时扣款。

每年年初存往银行的约 84 000 元只有活期利息，收益不高。若通过国债或人民币理财产品替代储蓄，可能找不到到期日正好符合交款日要求的产品，而且还需要排队买卖。因此建议通过网上银行购买货币市场基金，在每个还款日前的 3 天卖出适当金额的基金，这样既可以不必排队而做到如期还款，又可以享受高于同期活期存款利息的收益。平时存活期享受的是 0.35% 的活期储蓄收益；而买入货币市场基金，绝大多数基金的 7 天年化平均收益率都在 3.0% 左右，是活期的 11 倍多，申购赎回都免手续费，而且还免利息税。

在这个案例里，很好地利用了货币市场基金收益较高、流动性较强和买卖方便的优势，为该家庭的情况提供了很好的解决方案。

货币市场基金适合那些追求低风险、稳定收益的投资者。它的 7 日年化收益率普遍保持在 3% 左右，较其他低风险的投资产品，如定期储蓄、一年期国债或人民币理财产品，其投资收益率更高一些。同时，货币市场基金的申购与赎回不需要支付任何费用，申购与赎回都为 1 元 / 份，投资方便，并且其取得的收入也是不加税的。这样算下来，其在投资便利和收益方面的优势可见一斑。

（资料来源：股票财经网，www.gupiao001.com）

5. 保本基金

（1）保本基金的特点

保本基金主要是将大部分的本金投资在具有固定收益的证券，如债券、票据、定期存单等金融工具上，让到期时的本金加利息大致等于期初所投资的本金，在此基础上将极小比例的本金或利息投资在具有高回报的证券如期货、期权等衍生性金融工具上，以赚取高收益。保本基金从本质上讲是一种混合基金。

保本基金的最大特点是其招募说明书中明确规定了相关的担保条款，即在满足一定的持有期限后，为投资者提供本金或收益的保障。保本基金的投资目标是在锁定风险的同时力争有机会获得潜在的高回报。保本基金在投资到期后，当基金份额累计净值低于投资者的投入资本金时，基金管理人或基金担保人应向投资者支付其中的差额部分。适合投资保本基金的客户类型如表 2-10 所示。

表 2-10　适合投资保本基金的客户类型

适合投资保本基金的客户类型	个人储户，这些人理财是为儿女教育、养老、医疗做准备，他们最核心的要求是不能亏损
	特大型的企业集团，他们经常做现金管理，由于结算等原因会长时间地保持大规模的资金余额，但这些钱也绝不能亏损
	对工作时间不太长、资金积累比较少，而且很可能在短时间内就会动用这笔资金的年轻人来说，保本基金也很有诱惑力
总评	主要是那些风险承受能力比较低的投资者购买

（2）保本基金的保险策略

保本基金于 20 世纪 80 年代中期起源于美国，其核心是运用投资组合保险策略进行基金的操作。国际上比较流行的投资组合保险策略主要有对冲保险策略与固定比例投资组合保险策略（Constant Proportion Portfolio Insurance，CPPI）。

对冲保险策略主要依赖金融衍生产品，如股票期权、股指期货等，实现投资组合价值的保本与增值。国际成熟市场的保本投资策略目前较多采用衍生金融工具进行操作。目前，国内尚缺乏这些金融工具，所以国内保本基金为实现保本的目的，主要选择固定比例投资组合保险策略作为投资中的保本策略。

CPPI 是一种通过比较投资组合现时净值与投资组合价值底线，从而动态调整投资组合中风险资产与保本资产的比例，以兼顾保本与增值目标的保本策略。

CPPI 投资策略的投资步骤可分为以下三步。

第一步，根据投资组合期末最低目标价值（基金的本金）和合理的折现率设定当前应持有的保本资产的价值，即投资组合的价值底线。

第二步，计算投资组合现时净值超过价值底线的数额。该值通常称为安全垫，是风险投资（如股票投资）可承受的最高损失限额。

第三步，按安全垫的一定倍数确定风险资产投资的比例，并将其余资产投资于保本资产（如债券投资），从而在确保实现保本目标的同时，实现投资组合的增值。

风险资产投资额通常可用下列公式确定：

$$R=M（A-S）\qquad\qquad S=A/（1+r）^n$$

式中，R 表示可投资于风险资产的上限；A 表示基金的资产总值；S 表示最低保本金额的现值；（$A-S$）表示安全垫；M 表示风险乘数（风险资产 / 安全垫）；r 表示收益率；n 表示保本期限。

假设基金初始净资产为 10 亿元，基金保本期限为 3 年，当期 3 年期无风险收益率为 3%，保本比例 100%，保本金额为 10 亿元，风险乘数上限 $M=2$。假如半年后，风险资产上涨 20%，安全资产上涨 1.5%，$M=1.5$。

拓展知识

问：1. 期初可投资于风险资产和安全资产的金额各为多少？

2. 资产价值上涨后总资产为多少？安全垫是多少？

3. 调整风险乘数后，可投资的风险资产为多少？

4. 最终要卖出多少风险资产？最终投资安全资产为多少？

第一步：计算保本金额的现值

S= 10/[（1+3%）]^3 =9.15（亿元）

安全垫 $C=A-S$=10-9.15=0.85（亿元）

第二步：计算期初可投资的风险资产与安全资产（$M=2$）

风险资产 $R=M×$（$A-S$）=2×（10-9.15）=1.7（亿元）

安全资产 $A-R$=10-1.7=8.3（亿元）

第三步：假如半年后，风险资产上涨 20%，安全资产上涨 1.5%

基金净资产为 A'= 1.7×（1+20%）+8.3×（1+1.5%）=10.46（亿元）

保本金额的现值 S= 10/[（1+3%）]$^{2.5}$ =9.29（亿元）

安全垫 $C=A-S$=10.46-9.29=1.17（亿元）

第四步：基金经理将降低风险乘数 M 至 1.5

可投资于风险资产的金额

$R=M \times (A'-S)=1.5 \times (10.46-9.29)=1.755$（亿元）

可投资于安全资产的金额为

$A'-R=10.46-1.755=8.705$（亿元）

基金经理要卖出风险资产 $1.7 \times (1+20\%)-1.755=0.285$（亿元）

可投资于安全资产的金额为 $8.705+0.285＝8.99$（亿元）

（3）保本基金提供的保证类型

保本基金提供的保证有本金保证、收益保证和红利保证，具体比例由基金公司自行规定。一般本金保证比例为 100%，但也有低于 100% 或高于 100% 的情况。至于是否提供收益保证和红利保证，各基金情况有所不同。通常，保本基金若有担保人，则可为投资者提供到期后获得本金和收益的保障。

（4）保本基金的投资风险

1）保本基金有一个保本期，投资者只有持有到期后才获得本金保证或收益保证。如果投资者在到期前急需资金，提前赎回，则不享有保证承诺，投资可能发生亏损。保本基金的保本期通常在 3 ~ 5 年，但也有长至 7 ~ 10 年的。基金持有人在认购期结束后申购的基金份额不适用保本条款。

2）保本的性质在一定程度上限制了基金收益的上升空间。为了保证到期能够向投资者兑现保本承诺，保本基金通常会将大部分资金投资在期限与保本期一致的债券上。保本基金中债券的比例越高，其投资于高回报上的资产比例就越少，收益上升空间就会受到一定限制。

3）尽管投资保本基金亏本的风险几乎等于零，但投资者仍必须考虑投资的机会成本与通货膨胀损失。如果到期后不能取得比银行存款利率和通货膨胀率高的收益率，保本将变得毫无意义。投资时间的长短决定投资机会成本的高低。投资期限越长，投资的机会成本越高。

（5）保本基金的投资策略

1）在债券低估或估值合理时购买保本基金。

2）购买时间，一是投资者在认购期间认购并持有至到期的份额；二是在保本周期到期，下一个保本周期开始之前的过渡阶段，投资者申购并持有至到期的份额。

3）关注保本金额。包括基金净申购金额、基金申购费用以及认购期间内的利息收入，有一些基金在界定保本金额时不包括基金申购费用。

4）选择保本期限合适的基金。保本期限越长，基金管理人操作的空间越大，基金获取高收益的能力越强，但这也意味着基金资产的流动性受到更大限制。

5）关注保本基金的资产配置比例。

6. 上市交易型开放式指数基金（ETF）

（1）ETF 的特点

1）被动操作的指数基金。ETF 是以某一选定的指数所包含的成份证券为投资对象，依据构成指数的股票种类和比例，采取完全复制或抽样复制，进行被动投资的指数基金。ETF 不但具有传统指数基金的全部特色，而且是更为纯粹的指数基金。

2）独特的实物申购、赎回机制。所谓实物申购、赎回机制，是指投资者向基金管理公司申购 ETF，需要拿这只 ETF 指定的一揽子股票来换取；赎回时得到的不是现金，而是相应的一揽子股票；如果想变现，需要再卖出这些股票。实物申购、赎回机制是 ETF 最大的特色，使 ETF 省却了用现金购买股票及为应付赎回卖出股票的环节。此外，ETF 有"最小申购、赎回份额"的规定，只有资金达到一定规模的投资者才能参与 ETF 一级市场的实物申购、赎回。

3）实行一级市场与二级市场并存的交易制度。ETF 实行一级市场与二级市场并存的交易制度。在一级市场上，只有资金达到一定规模的投资者（基金份额通常要求在 50 万份以上）在交易时间内可以随时进行以股票换份额（申购）、以份额换股票（赎回）的交易，中小投资者被排斥在一级市场之外。在二级市场上，ETF 与普通股票一样在市场挂牌交易。无论资金在一定规模以上的投资者还是中小投资者，均可按市场价格进行 ETF 份额的交易。一级市场的存在使二级市场交易价格不可能偏离基金份额净值很多，否则两个市场的差价会引发套利交易。套利交易会最终使套利机会消失，使二级市场价格回到基金份额净值附近。因此，正常情况下，ETF 二级市场交易价格与基金份额净值总是比较接近。

ETF 本质上是一种指数基金，因此对 ETF 的需求主要体现在对指数产品的需求上。由一级和二级市场的差价所引致的套利交易则属于一种派生需求。与传统的指数基金相比，ETF 的复制效果更好、成本更低、买卖更为方便（可以在交易日随时进行买卖），并可以进行套利交易，因此对投资者具有独特的吸引力。

ETF 交易模式如图 2-3 所示。

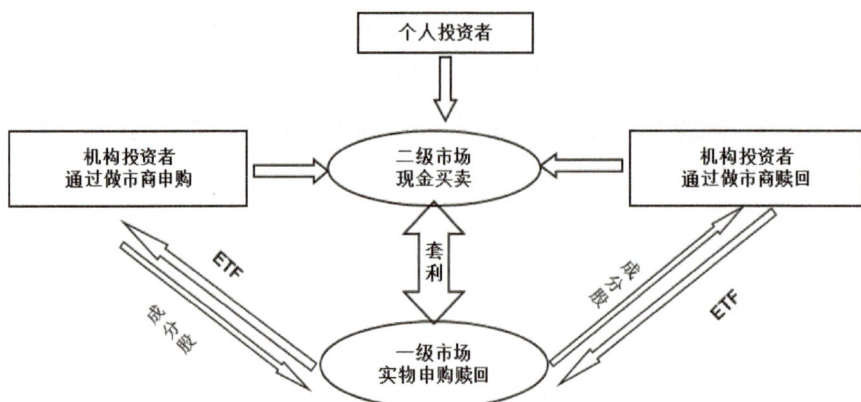

图 2-3　ETF 交易模式

（2）ETF 的套利交易

ETF 的独特之处在于实行一级市场与二级市场交易同步进行的制度安排，因此，投资者可以在 ETF 二级市场交易价格与基金份额净值两者之间存在差价时进行套利交易。

具体而言，当二级市场 ETF 交易价格低于其份额净值，即发生折价交易时，大的投资者可以通过在二级市场低价买进 ETF，然后在一级市场赎回（高价卖出）份额，再于二级市场上卖出股票而实现套利交易。相反，当二级市场 ETF 交易价格高于其份额净值，即发生溢价交易时，大的投资者可以在二级市场买入一揽子股票，于一级市场按份额净值转换为 ETF（相当于低价买入 ETF）份额，再于二级市场上高价卖掉 ETF 而实现套利交易。ETF 套利交易流程如图 2-4 所示。

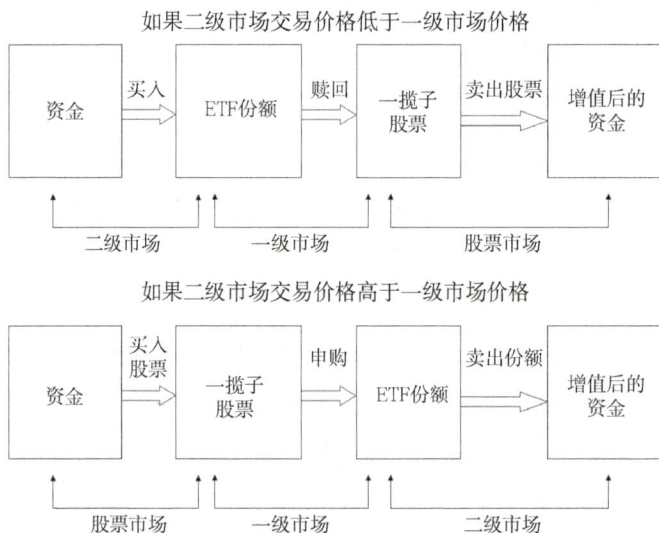

图 2-4　ETF 套利交易流程

（3）ETF 的特征与交易规则（见表 2-11）

表 2-11 ETF 的特征与交易规则

ETF 的特征	交 易 规 则
一级市场申购门槛高	在一级市场申购 ETF 至少要 100 万份。申购时不是用现金，而是用一揽子股票来申购。如果是赎回基金份额，投资者最终拿到手的也是一揽子股票，赎回至少也要 100 万份。目前，ETF 的申购、赎回只能在指定的代理券商柜台进行。中小投资者可通过二级市场参与 ETF 的投资，就像买卖封闭式基金一样，手续费较低，不用缴印花税，最小投资份额只有 100 份
实现准"T+0"操作	如果投资者买好一揽子股票后，在一级市场申购 ETF，申购成功后，他并不用等基金到账，当天就可以在二级市场上抛出，实现"T+0"交易。同样，投资者也可以在二级市场上买入 ETF，然后在一级市场要求赎回。赎回成功后，也不用等一揽子股票到账，就可以将这些股票抛出，也是"T+0"交易。但投资者在同一市场中不能实现"T+0"操作
单位净值等于上证 50 指数的 1%	上证 50ETF 的单位净值与上证 50 指数的关系非常简单，为上证 50 指数的 1%。当上证 50 指数为 875 点时，上证 50ETF 的基金份额净值约为 0.875 元，当上证 50 指数上升或下跌 10 点，上证 50 指数 ETF 的单位净值约上升或下跌 0.01 元

截止到 2016 年年底，共有 147 只 ETF 和 207 只 LOF 基金，资产份额规模分别是 3 030.06 亿份和 2 201.34 亿份（见表 2-12）。

拓展知识

表 2-12 沪深证券交易所 ETF、LOF 概况

年 份	ETF		LOF	
	数量（只）	份额（亿份）	数量（只）	份额（亿份）
2004	1	54.35	1	27.71
2005	1	81.12	13	86.09
2006	5	89.96	17	331.37
2007	5	77.23	26	2 388.79
2008	5	154.91	28	2 267.82
2009	9	363.39	37	2 389.09
2010	20	702.04	57	2 323.16
2011	37	949.17	82	2 400.96
2012	50	1 156.11	97	2 501.66
2013	87	1 159.50	109	2 186.90
2014	107	1 251.48	124	1 856.87
2015	129	3 544.20	162	1 509.24
2016	147	3 030.06	207	2 201.34

（资料来源：上海证券基金评价研究中心、wind 资讯）

（4）ETF 的类型

根据 ETF 跟踪某一标的市场指数的不同，可以将 ETF 分为股票型 ETF、债券型 ETF 等。而在股票型 ETF 与债券型 ETF 中，又可以根据 ETF 跟踪的具体指数的不同对股票型 ETF 与债券型 ETF 进行进一步细分。例如，股票型 ETF 可以进一步被分为全球指数 ETF、综合指数 ETF、行业指数 ETF、风格指数 ETF（如成长型、价值型等）等。

根据复制方法的不同，可以将 ETF 分为完全复制型 ETF 与抽样复制型 ETF。完全复制型 ETF 是依据构成指数的全部成分股在指数中所占的权重，进行 ETF 的构建。我国首只 ETF——上证 50ETF 采用的就是完全复制型。

（5）ETF 的风险

首先，ETF 承担所跟踪指数面临的系统性风险。其次，尽管套利交易的存在使二级市场交易价格不会偏离基金份额净值太大，但由于受供求关系的影响，二级市场价格常常会高于或低于基金份额净值。最后，ETF 的收益率与所跟踪指数的收益率之间往往会存在跟踪误差。抽样复制、现金留存、基金分红及基金费用等都会导致跟踪误差。

（6）ETF 与 LOF 的区别（见表 2-13）

表 2-13　ETF 与 LOF 的区别

	ETF	LOF
申购、赎回标的不同	与投资者交换的是基金份额与一揽子股票	投资者申购、赎回是基金份额和现金对价
申购、赎回场所不同	申购、赎回通过交易所进行	申购与赎回可以在代销网点进行，也可以在交易所进行
对申购、赎回限制不同	基金份额通常要求在 50 万份以上才能参与申购、赎回交易	在申购赎回上没有特别要求
基金投资策略不同	通常采用完全被动式管理方法，以拟合某一指数为目标	是普通的开放式基金增加了交易所交易的方式，可以是指数基金也可以主动型基金
在二级市场的净值报价不同	每 5 秒提供一个基金参考净值（IOPV）报价	净值报价频率一般是 1 天只提供 1 次或几次净值报价

7. ETF 联接基金

ETF 联接基金是将绝大部分基金财产投资于某一 ETF（称为目标 ETF），密切跟踪标的指数表现，可以在场外（银行渠道等）申购赎回的基金。根据中国证监会的规定，ETF 联接基金投资于目标 ETF 的资产不得低于基金资产净值的 90%，其余部分应投资于标的指数成分股和备选成分股。并且，ETF 联接基金的管理人不得对 ETF 联接基金财产中的 ETF 部分计提管理费。

ETF 联接基金的主要特征。①ETF 联接基金依附于主基金。通过主基金投资，若主基金不存在，联接基金不存在。②ETF 联接基金提供了在银行申购 ETF 的渠道。③ETF 联接基金可以提供目前 ETF 不具备的定期定额等方式介入 ETF 的运作。④ETF 联接基金不能参与 ETF 套利。⑤ETF 联接基金不是基金中的基金，完全依附于主基金。

8. 分级基金

分级基金指通过事先约定基金的风险收益分配，将母基金份额分为风险收益不同的子份额，并可将其中部分或全部上市交易的结构化证券投资基金。其中，分级基金的基础份额称为母基金份额，预期风险收益较低的子份额称为 A 类份额，预期收益较高的子份额称为 B 类份额。

（1）分级基金的特点

1）一只基金，多类份额，多种投资工具。母基金，为普通股票指数基金份额，具有较高风险和收益的特征。A 类份额，根据基金合同的约定定期获得约定收益，具有低收益、低风险特征。B 类份额，获取扣除 A 类份额的约定收益以外的母基金的全部收益或亏损。股票型分级基金的三类份额各自具有不同的风险收益特征。其中母基金份额是普通股票指数基金份额，具有较高风险和收益的特征，A 类份额根据基金合同的约定可以定期获得约定收益，具有类固定收益产品的低风险、收益相对较稳定的特征，B 类份额则获取扣除了 A 类份额的约定收益以外的母基金全部收益或亏损，具有鲜明的杠杆特性，具有高风险、高收益的特征。

2）A 类、B 类份额分级，资产合并运作。尽管分级基金拆分为母基金、A 类份额和 B 类份额，但基金资产仍作为一个整体进行投资运作。

3）基金份额可在交易所上市交易。母基金通过场外、场内募集，基金份额通过跨系统转托管实现场外市场和场内市场转换。场内认购的母基金自动分离为 A 类份额和 B 类份额，并上市交易。场内申购的母基金可选择分拆为 A 类份额和 B 类份额，也可不分拆保留母基金。

场内存在三类份额，其中母基金只能申购和赎回，A 类和 B 类只能上市交易。可在二级市场单独买入 A 类和 B 类，或者同时买入合并成母基金。

4）内含衍生工具与杠杆特性。分级基金涉及收益分配权的侵害与收益保障等结构性条款的设置，使其普遍具有杠杆化的特性，具有了内含衍生工具特性，比普通的基金要复杂得多。

5）多种收益实现方式，投资策略丰富。分级基金由于份额分类和结构化设计，使其内含了期权、杠杆等特性，为投资者提供了多种工具，投资通过折溢价套利、A 类份额持有策略、B 类份额波段操作策略、定期折算与不定期折算投资机会等多种投资策略，实现多样化的投资收益。

（2）分级基金的分类（见表 2-14）

表 2-14　分级基金的分类

按运作方式分类	封闭式分级基金、开放式分级基金
按投资对象分类	股票分级基金、债券分级基金、QDII 分级基金
按投资风格分类	主动型分级基金、被动型分级基金
按募集方式分类	合并募集分级基金、分开募集分级基金
按子份额之间收益分配规则分类	简单融资类分级基金、复杂融资类分级基金
按是否存在母基金份额分类	存在母基金份额分级基金、不存在母基金份额分级基金
按是否具有折算条款分类	具有折算条款的分级基金、不具有折算条款的分级基金

拓展知识

"父与子"分级基金

有一位父亲，他有很多个儿子。然而让人惋惜的是，他的儿子都不孝，对于他和老伴的养老问题互相推诿。这位父亲为了解决养老问题，决定和爱好炒股的大儿子成立一个基金。父亲和大儿子每人拿出 100 元钱凑在一块，组成一个每份为 1 元的总数 200 份的基金，两个人最初持有的份额都是 100 份，比例为 1∶1（分级基金的原始杠杆为 2）。同时两人还约定，大儿子每年的第一天向父亲支付固定的利息——每年 5% 的利息，以后每年利息计入第二年的本金循环下去，而大儿子则拥有这 200 元基金的炒股操作权，但是所产生的损益由个人承担，他决定拿去跟踪深证 100 指数，我们暂且叫这个份额为 200 份的基金父子深证 100 指数基金（被动管理型基金，这个是母基金）。

一年后，由于深证 100 指数表现不好，导致父子深证 100 指数基金跌了 10%。因此，这个金额为 200 元的基金金额仅有 180 元（200–200×10%）了。但是下跌归下跌，他得履行约定，付给父亲一年来的 5 元利息。这时，父亲的金额就变成了 105（100+5）元，如果还是以各持有 100 份来算的话，父亲每份的净值就为 1.05 元 / 份（105÷100）（稳健份额的净值），而大儿子的金额仅为 75

元（180-105），净值为 0.75 元 / 份（基金份额的净值）。这时候两个人各自持有基金的金额比例为 105：75（原来是 100：100）。这里，父亲的份额就为这个指数基金的稳健端，靠获得儿子支付的利息来获取收益，是靠获得固定收益的低风险品种。而大儿子的份额就是基金的进取端，俗称分级基金，收益随着跟踪的指数基金变化而变化，是会出现风险的品种。根据深圳 100 指数的变化情况，填写表 2-16 中的空白处。

表 2-16　父子深证 100 指数分级基金 单位（元、份）

		父子深证 100 指数分级基金	父亲类投资	儿子类投资	备　注
		母基金	A 份额	B 份额	
期初	金额	200	100	100	1. 母基金＝A+B
	份额	200 份	100 份	100	2. 杠杆比例 1：1
	净值	1	1	1	3. 约定大儿子每年给父亲保本并加 5 元的固定利息，由儿子投资深证 100 指数成分股，自负盈亏
一年后深证 100 指数下跌 10%	金额				
	净值				
	收益率				4. 第三年二儿子以 60 元的价格买入 B 份额
第二年底深证 100 指数又下跌 5%	金额				
	净值				
	收益率				
第三年底深证 100 指数上涨 15%	金额				
	净值				
	收益率				

从业资格考试训练题

一、单选题（以下备选答案中只有一项最符合题目要求）

1. 按照基金规模是否固定，证券投资基金可以划分为（　　　）。

　　A．私募基金和公募基金　　　　　　B．上市基金和不上市基金

　　C．开放式基金和封闭式基金　　　　D．契约型基金和公司型基金

2. 一般来说，开放式基金的申购赎回价是以（　　　）为基础计算的。

　　A．基金单位资产净值　　　　　　　B．基金市场供求关系

　　C．基金发行时的面值　　　　　　　D．基金发行时的价格

3．某证券投资基金的资产80%投资于可流通的国债、地方政府债券和公司债券，20%投资于金融债券，该基金属于（　　）基金。

A．货币市场　　B．债券　　C．期货　　D．股票

4．（　　）在公司型基金中是一个有形机构，在契约型基金中是一个无形机构。

A．基金管理人　　B．基金托管人　　C．基金组织　　D．基金持有人

5．证券投资基金持有人与管理人之间的关系是（　　）。

A．所有者与保管者的关系　　B．持有与监督的关系

C．持有与托管的关系　　D．委托人与受托人的关系

6．受托负责证券投资基金具体投资操作的机构是（　　）。

A．基金发起人　　B．基金持有人　　C．基金托管人　　D．基金管理人

7．以下说法正确的是（　　）。

A．封闭式基金的交易不是在基金投资人之间进行

B．封闭式基金的交易只能在基金投资人之间进行

C．开放式基金投资人向交易所申购或赎回基金单位

D．开放式基金投资人向托管人申购或赎回基金单位

8．如果以P/B比率（股票价格与每股账面价值的比率）为标准将股票分为价值型和增长型，则越接近增长型的股票，其投资组合的平均P/B比率（　　）。

A．越高　　B．越低　　C．不变　　D．不能判断

9．下列不属于货币市场工具的是（　　）。

A．短期国债　　B．商业票据　　C．银行承兑汇票　　D．股票

10．（　　）是衡量一个基金经营好坏的主要指标，也是基金单位交易价格的计算依据。

A．基金规模　　B．基金收益率　　C．基金资产净值　　D．基金赎回率

二、多选题（以下备选答案中有两项或两项以上符合题目要求）

1．下列关于私募基金的说法，（　　）是正确的。

A．募集对象固定　　B．可以上市交易

C．监管机构一般实行审批制　　D．监管机构一般实行备案制

E．不允许公开进行宣传

2．关于伞形基金，说法正确的是（　　）。

A．母基金之下可以设立若干个子基金

B．各子基金独立进行投资决策

C．投资者可以根据需要在子基金之间转换，无须支付转换费用

D．目前中国国内没有伞形基金

E．目前国内的系列基金即属伞形基金

3．以下关于契约型基金的表述正确的是（　　　）。

A．基金持有人大会是基金最高权力机构

B．基金董事会是基金的最高权力机构

C．基金依据基金契约或合同而设立

D．基金依据托管协议而设立

4．证券投资基金收益包括（　　　）。

A．基金管理费　　　　　　　　B．基金买卖股票差价收入

C．基金买卖债券差价收入　　　D．基金存款利息

5．基金持有人享有基金（　　　）等法定权益。

A．资产所有权　　　　　　　　B．资产管理权

C．剩余资产分配权　　　　　　D．资产保管权

6．以下关于封闭式基金和开放式基金说法正确的是（　　　）。

A．封闭式基金一般有固定的存续期限

B．开放式基金一般没有固定的存续期限

C．封闭式基金投资人少

D．开放式基金投资人多

7．按照基金组织形式，证券投资基金可以划分为（　　　）。

A．私募基金　　　B．公募基金　　　C．契约型基金　　　D．公司型基金

8．影响封闭式基金交易价格的因素有（　　　）。

A．基金名称　　　　　　　　　B．利率变化

C．基金资产净值　　　　　　　D．市场供求关系

9．以下不属于保本基金的分析指标的是（　　　）。

A．保本期　　　B．赎回费　　　C．安全垫　　　D．投资比例

10．以下关于保本基金的说法正确的有（　　　）。

A．投资者在保本期到期前赎回，可能遭受亏损

B．保本基金中债券的比例较高，收益上升空间有限

C．保本基金抗御通货膨胀能力较强

D．保本基金没有利率风险

三、判断题（正确的用 A 表示，错误的用 B 表示）

1. 根据中国证监会对基金类别的分类标准，仅投资于货币市场工具的为货币市场基金。（　　）

2. 平衡型基金又被称为"混合基金"。（　　）

3. 上市交易型开放式指数基金，通常又被称为"交易所交易基金"（ETF），是一种在交易所上市交易的、基金份额不可变的开放式基金。（　　）

4. LOF 的申购、赎回只可以在交易所进行。（　　）

5. 证券投资基金可以投资于非上市公司发行的股票。（　　）

6. 基金份额净值会由于买卖数量或申购、赎回数量的多少而受到影响。（　　）

7. 反映基金经营业绩的主要指标中，基金分红最能全面反映基金的经营成果。（　　）

8. 债券久期可以衡量利率的微小变动对债券价格的影响。（　　）

9. 债券基金的收益率比买入并持有到期的单个债券的收益率更难以预测。（　　）

10. ETF 的折（溢）价率是判断 ETF 跟踪指数效果的一个指标。（　　）

四、问答题

1. 以投资对象划分的基金类型的投资特征有哪些？

2. ETF 的特点是什么？如何实现套利？

3. ETF 和 LOF 的区别有哪些？

4. 货币市场与其他开放式基金及人民币理财产品有什么区别？

5. 保本基金有什么特点？有哪些投资风险？

6. 分级基金的特点是什么？

五、能力训练题

目前，家庭投资理财越来越受到人们的重视，其中，基金投资是理财产品中的较好选择工具。为自己的家庭做基金投资方案，主要从以下几个方面做起：了解自己家庭收支情况、投资行为模式、投资风险承受度调查，并对这些内容进行基本分析。根据以上的分析，做出具体的家庭基金投资方案。

（1）以个人为单位，根据基金类型、投资者风险偏好等知识及中国基金市场的基本情况，结合自己的家庭收支情况制定一个基金投资方案。方案里必须包括简要的收支情况介绍、投资现状分析、选择适合自己家庭的基金类型，并说明选择的理由。

（2）教师引导学生对自身家庭的收支状况、风险偏好进行分析，辅助学生完成任务。

项目三
掌握证券投资基金当事人的权利与义务

学习目标

知识目标

掌握基金投资者、基金管理人和基金托管人在基金市场中的权利与义务；掌握基金管理人和基金托管人的市场准入条件；明确基金持有人在基金运作中的地位；熟知基金管理人和基金托管人在基金运作中的作用及主要业务。

能力目标

学生在理解基金当事人相互关系的基础上，能够与团队成员针对不同的基金，选择适合的基金管理人和基金托管人。

学习任务

任务1 选择合适的基金管理人

任务2 掌握基金托管人在基金市场中的权利与义务

任务3 基金投资者选择基金管理人和托管人

以何种标准挑选合适的基金公司

不断涌现的基金公司、日益增多的基金、越来越长的基金名单、令人眼花缭乱的广告，身陷其中的人也许倍感困惑，究竟该以何种标准挑选合适的基金？有四个方面的因素可供投资者参考。

其一是看业绩。业绩是实力的主要表现形式之一，更是市场永恒的题材。从某种角度来说，基金的业绩决定了投资者的最终选择，投资者做出投资选择的目的就是获得收益，因此业绩是衡量一个基金公司水平的基础。不过很多投资者往往对业绩的概念缺乏合理的认识。事实上，最重要的参考指标是"长期"业绩，而非短期。三年、五年甚至更长时间保持业绩优秀的基金才称得上优秀。以博时价值增长为例，该基金在2003年的表现异常勇猛，年收益率超30%，遥遥领先其他开放式基金，光环甚是耀眼。但是到了2004年，尤其是宏观调控政策出台之后，博时价值增长的收益率一直徘徊在多数基金之后，2004年全年的业绩甚至居同类型基金之末。一个月、一个季度或一年表现居基金榜榜首并不代表这种表现能够持久，通常而言三年甚至更长时间的基金业绩才能说明问题。在美国，基金公司通常需要向投资者提供10年的平均业绩，当然很多客观因素的制约使得中国市场目前还不具备这种可能性，但事物发展的规律是共性的——长期业绩才能客观反映基金的优劣。

其二是股东背景。"有其父必有其子"，出身名门望族的基金公司也免不了沾染一点"灵气"。不少合资基金公司虽然成立时间短暂，但由于其实力雄厚的外方股东和强有力的中资股东，已在众多基金公司中脱颖而出。尤其是外方股东在资产管理业务方面具有丰富经验的公司，旗下基金的业绩大都逐渐崭露头角，如湘财荷银、华宝兴业、招商，这几家公司属于比较老的合资基金公司，旗下基金自设立以来，业绩在同类基金中都比较靠前，而且业绩也比较稳定。外方股东在技术、管理及国际市场上长期的经验足以为此做一注脚。

其三是品牌影响力。"品牌"这个词本身就代表着丰富的内涵，融合了业绩、服务、投资者关系、公众形象等诸多元素，也包括了时间的考验。一个拥有良好口碑的品牌基金公司，至少经受住了时间、社会、行业的多重检验和认可。投资者沿着前人走过的路前进，安全系数通常比较高。一些老牌的基金公司，如南方基金、华安基金、华夏基金、招商基金、博时基金等，从封闭式基金启程经历了牛市和熊市，在挫折中经受市场的历练，资产规模依旧超过300亿元，足以说明它们已走出襁褓期，开始被广泛承认。

其四是多样的产品线。如果一个基金公司旗下的基金具有多样性，对投资者的利益就是一种巨大的保障。基金的类型丰富如股票基金、债券基金、平衡型基金、指数基金、货币市场基金，或者是其他种类的基金。多种类型基金并存的意义在于，一旦市场发生逆转，不会使所有的基金深陷泥沼，股市暴跌虽然股票基金遭殃，但还有债券基金，无疑给投资者提供了公司间基金互转的机会，降低损失的同时也能减少手续费。同时，多样化基金产品也能给基金公司带来稳定的收入，基金公司稳定了，投资者的资金才能稳定增长。

（资料来源：张韬，理财周刊，http://www.ewen.cc）

以上内容表明，选择优秀的基金公司是大前提，好的基金公司有更多的可能性培育出优秀的基金，而相对比较差的公司即使旗下也有表现较好的基金，但"偶然性"因素令人对其业绩的持久性很难不产生怀疑，相对而言，投资者所承担的风险也比较高。投资者应该在对基金管理公司的投资风格充分了解的前提下，选择与自身风险收益定位相契合的产品。

任务1　选择合适的基金管理人

【模拟情境】

模拟成立一家基金管理公司，依据相关法律，制定基金管理公司的职责，确定公司的主要业务，讨论基金管理公司业务特点，分别模拟以下情境。

（1）以小组为单位开展活动，一组为基金管理人，另一组为基金投资者，并相互交换角色。

（2）基金管理人小组的组长给组员分配任务，各成员就其主要业务及其特点、主要职责及权利，向基金投资者小组进行介绍。

（3）基金投资者小组的组长指挥本小组就选择基金管理人的各种疑问，向基金管理人小组进行咨询。

【规则与要求】

（1）模拟基金管理人的小组组长给大家分配任务，并组织大家对所承担的任务进行讨论。主要是把主要业务及特点、主要职责及权利进行分配，要求以口头表达的形式完成对投资者的咨询。

（2）模拟基金投资者小组的组长带领大家进行讨论，针对目前基金管理人存在的主要问题，就管理人的主要业务及特点、职责及权利进行提问，并回答基金管理人、托管人和投资者三者的关系。

【评价标准】

由学生互评、教师点评相结合，评价标准如下。

（1）对基金管理人所承担的任务描述是否准确、全面。

（2）团队成员参与活动的态度好坏与团队合作的效率高低。

【相关知识】

基金管理人是负责基金发起设立与经营管理的机构，不仅负责基金的投资管理，而且承担着产品设计、基金营销、基金注册登记、基金估值、会计核算和客户服务等多方面的职责。《基金法》规定，基金管理人由依法设计的基金管理公司担任。基金管理公司通常由证券公司、信托投资公司或其他机构等发起成立，具有独立法人地位。基金管理人作为受托人，必须履行诚信义务。基金管理的目标函数是受益人利益最大化，因此不得出于自身利益的考虑损害基金持有人的利益。

1. 基金管理人在基金运作中的作用

基金管理人是基金的组织者和管理者，在整个基金的运作中，基金管理人实际上处于中心地位，起着核心作用。它不仅负责基金的投资管理，而且承担着产品设计、份额发售，以及与基金募集和管理有关的其他事务性工作，如基金资产的估值和会计核算、基金的信息披露、持有人大会的召集等。基金管理人的投资管理能力与经营能力及基本实力的高低，直接关系到投资者投资回报的高低与投资目标能否实现，具体如图 3-1 所示。

基金管理人的作用除了直接体现在业务覆盖的广度、深度及资产的保值增值上外，还体现在其对基金持有人利益保护的责任上。基金管理人管理的不是自己的资产，而是投资者的资产，因此，基金管理人对投资者负有重要的信托责任。基金管理人必须以投资者的利益为最高利益，不断地为投资者取得满意的投资回报，才能在竞争中立于不败之地。

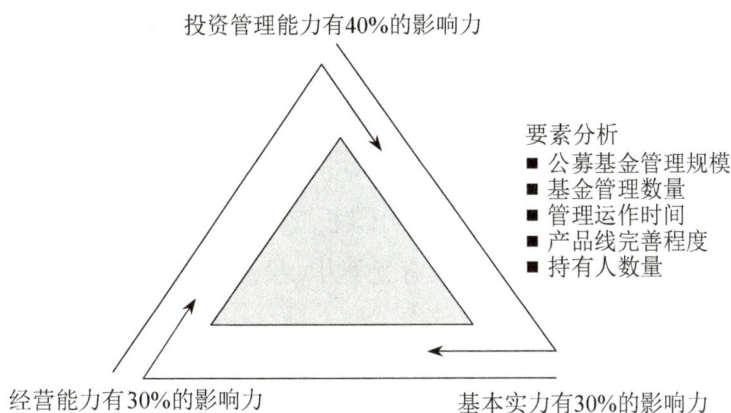

图 3-1　基金公司的影响力三要素

2. 基金管理人的主要业务及其特点

我国证券投资基金的管理人只能由依法设立的基金管理公司担任。最初我国基金管理公司的主要业务主要局限于对证券投资基金的募集与管理上。但随着市场的发展，目前除证券投资基金的募集与管理业务外，我国基金管理公司已被允许从事其他资产管理业务和提供投资咨询服务，基金管理公司已有向综合资产管理机构发展的趋势。基金管理人的业务特点如表 3-1 所示。

表 3-1　基金管理人的业务特点

经营风险较小	基金管理公司管理的是投资者的资产，一般不进行负债经营，因此其经营风险比银行、保险公司等其他金融机构要低得多
主要收入来自管理费	基金管理公司的收入主要来自以资产规模为基础的管理费，资产管理规模的扩大对基金管理公司具有重要的意义
属于知识密集型产业	投资管理能力是基金管理公司的核心竞争力，因此基金管理公司在经营上更多地体现出一种知识密集型产业的特色
时效性与准确性要求高	开放式基金通常要求必须披露上一工作日的份额净值，而净值的高低直接关系到投资者的利益，因此基金管理公司的业务对时间与准确性的要求很高，任何失误与迟误都会造成很大问题

（1）证券投资基金业务

证券投资基金业务主要包括基金募集与销售、基金的投资管理、基金运营管理、受托资产管理、投资咨询服务等。

1）基金募集与销售。依照我国《证券投资基金法》，依法募集基金是基金管理公司的一项法定权利，其他任何机构不得从事基金的募集活动。能否将基金成功地推向市场并不断扩大基金财产规模,对基金管理公司的经营有着重要的意义。为成功进行基金的募集与销售,基金管理公司必须在市场调查的基础上进行基金产品的开发,设计出能够满足不同投资者需要的基金产品。

2)基金投资管理。投资管理业务是基金管理公司最核心的一项业务。基金管理公司之间的竞争在很大程度上取决于其投资管理能力的高低。因此,努力为投资者提供与市场上同类产品相比具有竞争力的投资回报,就成为基金管理公司工作的重中之重。

3)基金运营管理。基金运营业务是基金投资管理与市场营销工作的后台保障,通常包括基金注册登记、核算与估值、基金清算和信息披露等业务。基金运营业务在很大程度上反映了基金管理公司对投资者服务的质量,对基金管理公司整个业务的发展起着重要的支持作用。

（2）客户资产管理业务

客户资产管理业务又称"专户理财业务",是指基金管理公司向特定客户募集资金或者接受特定客户财产委托担任资产管理人,由商业银行担任资产托管人,为资产委托人的利益,运用委托财产进行证券投资的活动。2008年1月1日开始施行的《基金管理公司特定客户资产管理业务试点办法》规定,符合条件的基金管理公司既可以为单一客户办理特定客户资产管理业务,也可以为特定的多个客户办理特定客户资产管理业务。2009年6月1日起施行的《关于基金管理公司开展特定多个客户资产管理业务有关问题的规定》,进一步为基金管理公司开展特定多个客户资产管理业务提供了指引。

（3）投资咨询服务

2006年2月,中国证监会基金部《关于基金管理公司向特定对象提供投资咨询服务有关问题的通知》规定,基金管理公司不需报经中国证监会审批,可以直接向合格境外机构投资者、境内保险公司及其他依法设立运作的机构等特定对象提供投资咨询服务。基金管理公司向特定对象提供投资咨询服务不得有下列行为：① 侵害基金份额持有人和其他客户的合法权益；② 承诺投资收益；③ 与投资咨询客户约定分享投资收益或者分担投资损失；④ 通过广告等公开方式招揽投资咨询客户；⑤ 代理投资咨询客户从事证券投资。

（4）全国社会保险基金管理及企业年金管理业务

根据《全国社会保险基金投资管理暂行办法》和《企业年金基金管理试行办法》,基金管理公司可以作为投资管理人管理社会保险基金和企业年金。目前,部分取得投资管理人资格的基金管理公司已经开展了管理社会保险基金和企业年金的业务。

（5）QDⅡ业务

符合条件的基金管理公司可以申请境内机构投资者资格，开展境外证券投资业务。基金管理公司申请境内机构投资者资格应当具备下列条件：①申请人财务稳健，资信良好。净资产不少于2亿元人民币；经营证券投资基金管理业务达2年以上；在最近一个季度末资产管理规模不少于200亿元人民币或等值外汇资产。② 具有5年以上境外证券市场投资管理经验和相关专业资质的中级以上管理人员不少于1名，具有3年以上境外证券市场投资管理相关经验的人员不少于3名。③ 具有健全的治理结构和完善的内部控制制度，经营行为规范。④ 最近3年没有受到监管机构的重大处罚，没有重大事项正在接受司法部门、监管机构的立案调查。⑤ 中国证监会根据审慎监管原则规定的其他条件。

截至2015年年底，按照中国证监会批复口径，全国共有101家基金管理公司。101家基金公司的合并总资产为1 373.60亿元，合并总负债总额464.99亿元，年度营业收入899.81亿元，净利润262.01亿元。85%的基金公司实现盈利。按照管理费收入多少，可将基金管理公司分为第一、第二、第三梯队。管理费收入排名前10名的公司为第一梯队，管理费收入排名在第11名至第34名的公司为第二梯队（管理费收入在3亿元以上），管理费收入排名在第35名及以后的公司为第三梯队（管理费收入低于3亿元）。管理费收入排名前10名的第一梯队公司的营业收入、税前利润及净利润分别占整个行业的41.13%、42.93%和42.68%，第一梯队公司的盈利能力要明显高于规模较小的基金管理公司。

拓展知识

（资料来源：《中国证券投资基金业年报》）

3. 基金管理人的职责

依据我国《证券投资基金法》，基金管理人应当履行下列职责。

1）依法募集基金；办理或者委托经中国证监会认定的其他机构代为办理基金份额的发售、申购、赎回和登记事宜。

2）办理基金备案手续。

3）对所管理的不同基金财产分别管理、分别记账，进行证券投资。

4）按照基金合同的约定确定基金收益分配方案，及时向基金份额持有人分配收益。

5）进行基金会计核算并编制基金财务会计报告。

6）编制中期和年度基金报告。

7）计算并公告基金资产净值，确定基金份额申购、赎回价格。

8）办理与基金财产管理业务活动有关的信息披露事项。

9）召集基金份额持有人大会。

10）保存基金财产管理业务活动的记录、账册、报表和其他相关资料。

11）以基金管理人名义，代表基金份额持有人利益行使诉讼权利或者实施其他法律行为。

12）国务院证券监督管理机构规定的其他职责。

在我国，根据《证券投资基金法》，基金管理人不得有以下行为：

1）将固定财产或者他人财产混同于基金财产从事证券投资。

2）不公平地对待其管理的不同基金财产。

3）利用基金财产为基金份额持有人以外的第三人牟取利益。

4）向基金份额持有人违规承诺收益或者承担损失。

5）依照法律、行政法规有关规定，由国务院证券监督管理机构规定禁止的其他行为。

有下列情形之一的，基金管理人职责终止：

1）被依法取消基金管理资格。

2）被基金份额持有人大会解任。

3）依法解散、被依法撤销或者被依法宣告破产。

4）基金合同约定的其他情形。

4. 基金管理人的市场准入

基金管理人是基金资产的管理者和实际控制者，在基金运作中具有重要作用并处于特殊地位，基金收益的多少及风险的大小取决于基金管理人管理运用基金资产的水平，因此，为保护基金投资者的利益，必须对基金管理人的市场准入做出严格限定，只有具备一定条件的机构才能担任基金管理人。

各个国家或地区对基金管理人的市场准入有不同的规定，一般来说，申请成为基金管理人的机构要依照本国有关基金法规，经政府监管部门审核批准后，才能取得基金管理人的资格，审核内容主要包括基金管理人是否具有一定的资本实力、健全的治理结构、良好的信誉、基金运作的硬件条件、基金运作的专业人才及基金运作管理计划等。

在我国，对基金管理公司也实行较为严格的市场准入管理，申请设立基金管理公司应当具备下列条件（见表3-2），并经国务院证券监督管理机构批准。

表 3-2　基金管理公司的准入条件

条　目	条　件
章程与法规	有符合《证券投资基金法》和《公司法》规定的章程
注册资本	注册资本不低于1亿元人民币，且必须为实缴货币资本
主要股东（持有基金管理公司股权比例最高且不低于25%的股东）	①具有经营金融业务或者管理金融机构的良好业绩、良好财务和社会信誉；②最近3年没有违法记录；③主要股东为法人或者其他组织的，其净资产不低于2亿元人民币；主要股东为自然人的，个人金融资产不低于3 000万元人民币，在境内外资产管理行业从业5年以上
非主要股东（持有基金公司5%以上股权的股东）	要求非主要股东为法人或者其他组织的，净资产不低于5 000万元。非主要股东为自然人的，个人金融资产不低于1 000万元，在境内外资产管理行业从业5年以上
取得基金从业资格的人员达到法定人数	在我国，根据《证券投资基金管理公司管理办法》规定，拟任高级管理人员、业务人员不少于15人，并应当取得基金从业资格
董事、监事、高级管理人员	担任基金公司的董事、监事、高级管理人员应当符合《证券投资基金法》规定的任职资格
营业场所和安全防范设施	有符合要求的营业场所、安全防范设施和与基金管理业务有关的其他设施
内部治理结构	有完善的内部稽核监控制度和风险控制制度

任务2　掌握基金托管人在基金市场中的权利与义务

【模拟情境】

以华夏大盘精选基金为例，模拟基金管理人、基金托管人和基金投资者。完成三者业务、职责、权利等知识的学习。分别模拟以下情境。

（1）以小组为单位开展活动，一组为基金托管人，另一组为基金投资者，并相互交换角色。

（2）基金托管人由组长给组员分配任务，各成员就其主要业务及其特点、主要职责及权利，向基金投资者小组进行介绍。

（3）基金投资者小组组长指挥本小组就选择托管人所关心的各种问题，向基金托管人小组进行咨询。

【规则与要求】

（1）模拟托管人的小组组长给大家分配任务，并组织大家对所承担的任务进行讨论。主要是把主要业务及特点、主要职责及权利进行分配，要求以口头表达的形式完成对投资者的咨询。

（2）模拟基金投资者小组的组长带领大家进行讨论，针对目前托管人存在的主要问题，就托管人的主要业务及特点、职责及权利进行提问，并回答基金管理人、托管人和投资者三者的关系。

【评价标准】

由学生互评、教师点评相结合，评价标准如下。

（1）对基金托管人所承担的任务描述是否准确、全面。

（2）基金管理人、托管人和投资者三者的权利义务关系界定是否清晰。

（3）团队成员参与活动的态度好坏与团队合作的效率高低。

【相关知识】

基金托管人是根据法律法规的要求，在证券投资基金运作中承担资产保管、交易监督、信息披露、资金清算与会计核算等相应职责的当事人。基金托管人是证券投资基金的主要当事人之一，主要通过托管业务获取托管费作为其主要收入来源。在一些国家和地区，托管人也通过提供绩效评估、会计核算等增值性服务来扩大收入来源。在基金运作中引入基金托管人制度，有利于基金财产的安全和投资者利益的保护。

1. 基金托管人在基金运作中的作用

基金托管人在基金运作中具有非常重要的作用，主要体现在以下三个方面。

1）基金资产由独立于基金管理人的基金托管人保管，可以防止基金资产挪作他用，有利于保障基金资产的安全。

2）基金托管人对基金管理人的投资运作（包括投资对象、投资范围、投资比例、禁止投资行为等）进行监督，可以促使基金管理人按照有关法律法规和基金合同的要求运作基金资产，有利于保护基金份额持有人的权益。

3）基金托管人对基金资产所进行的会计复核和净值计算，有利于防范、减少基金会计核算中的差错，保证基金份额净值和会计核算的真实性和准确性。

2. 基金资产托管业务

根据我国法律法规的要求，基金资产托管业务或者托管人承担的职责主要包括基金资产保管、基金资金清算、基金会计复核、基金投资运作监督等方面。

（1）基金资产保管

基金资产保管即基金托管人按规定为基金资产设立独立的账户，保证基金全部财产的安全完整。其内容主要包括以下几方面。

1）基金印章保管。基金托管人代基金刻制的基金印章、基金财务专用章及基金业务章等基金印章均由托管人代为保管和使用。保管好基金印章是保证基金资产安全的前提。因此，基金托管人必须加强基金印章的管理，制定严格的印章管理制度。

2）基金资产账户管理。

① 基金托管人应做好基金资产账户的开立、更名、销户及资产过户等工作。

② 基金托管人负责开立全部基金资产账户，保证基金账户独立于托管银行账户；不同基金的账户也相互独立，对每一只基金单独设账，分账管理。

③ 严格按照相关规定和基金管理人的有效指令办理资金划拨和支付，并保证基金的一切货币收支活动均通过基金的银行存款账户进行。

④ 保证基金账户的开立和使用只限于满足开展基金业务的需要，基金托管人和基金管理人不得假借基金的名义开立任何其他账户，也不得使用基金的任何账户进行基金业务以外的活动。基金托管人和基金管理人也不得出借和擅自转让基金的任何证券账户。

3）重要文件保管。基金托管人负责保管基金的重大合同、基金的开户资料、预留印鉴、实物证券的凭证等重要文件。

4）核对基金资产。为了保证基金资产账实、账证相符，基金托管人必须定期核对基金全部账户的资产状况。基金托管人一般通过计算机系统、电话银行、登录上海 PROP 和深圳 IST 远程操作平台系统等方式对基金资产进行核对。核对的频率因账户特点和管理方式不同而有所差异。一般情况下，基金银行存款账户余额、基金结算备付金账户余额、基金证券账户的各类证券资产数量和余额等每日核对；基金债券托管账户在交易当日进行核对，如无交易每周核对一次。

（2）基金资金清算

基金资金清算即执行基金管理人的投资指令，办理基金名下的资金往来。基金的资金清算依据交易场所的不同，分为交易所交易资金清算、全国银行间债券市场交易资金清算和场外资金清算三个部分。交易所交易资金清算指基金在证券交易所进行股票、债券买卖及回购交易时所对应的资金清算。全国银行间债券市场交易资金清算包括基金在银行间市场进行债券买卖、回购交易等所对应的资金清算。场外资金清算指基金在证券交易所和银行间债券市场之外所涉及的资金清算，包括申购、增发新股、支付基金相关费用，以及开放式基金的申购与赎回等的资金清算。

（3）基金会计复核

基金会计复核即建立基金账册并进行会计核算，复核审查管理人计算的基金资产净值和份额净值。

目前，对于国内证券投资基金的会计核算，基金管理人与基金托管人按照有关规定，分别独立进行账簿设置、账套管理、账务处理及基金净值计算。基金托管人按照规定对基金管理人的会计核算进行复核，基金管理公司负责将复核后的会计信息对外披露。基金托管人对会计核算进行复核的主要内容包括基金账务的复核、基金头寸的复核、基金资产净值的复核、基金财务报表的复核、基金费用与收益分配的复核和业绩表现数据的复核等。

（4）基金投资运作监督

基金投资运作监督即基金托管人对基金管理人的投资运作行为是否符合法律法规及基金合同的规定进行监督。基金托管人对基金管理人监督的主要内容如表3-3所示。

表 3-3　基金托管人对基金管理人监督的主要内容

监督内容	说　明
对基金投资范围、投资对象的监督	监督基金的投资范围、投资对象是否符合基金合同及有关法律法规的要求。如基金合同明确约定基金的投资风格（如主要投资于大盘股票、基础行业股票、可转债或跟踪指数等）或证券选择标准，基金托管人应据以建立相关技术系统，对基金实际投资是否符合基金合同的相关约定进行监督，对存在疑义的事项进行核查
对基金投融资比例的监督	监督内容包括但不限于：基金合同约定的基金投资资产配置比例、单一投资类别比例限制、融资限制、股票申购限制、法规允许的基金投资比例调整期限等
对基金投资禁止行为的监督	监督内容包括但不限于：《证券投资基金法》、基金合同规定的不得承销证券、向他人贷款或提供担保等。根据法律法规有关基金禁止从事的关联交易的规定，基金管理人和基金托管人应相互提供与本机构有控股关系的股东或与本机构有其他重大利害关系的公司的名单

续表

监督内容	说　　明
对参与银行间同业拆借市场交易的监督	为控制基金参与银行间债券市场的信用风险，基金托管人应对基金管理人参与银行间同业拆借市场交易进行监督。控制银行间债券市场信用风险的方式包括但不限于交易对手的资信控制和交易方式（如见券付款、见款付券）的控制等
对基金管理人选择存款银行的监督	货币市场基金投资银行存款时，托管人和管理人根据法律法规的规定及基金合同的约定，要签署专门的补充协议，对存款银行的资质、利率标准、双方的职责、提前支取的条件及赔偿责任等进行规定

实际运作中，托管人对基金管理人投资运作的监督有以下特点：一是不同基金类型监督的依据和内容不同，如货币市场基金与股票基金的监督内容存在较大差异；二是日常运作中，托管人对基金管理人投资运作行为的监督主要是基金投资范围、投资比例、交易对手、投资风格等方面；三是根据投资需要和监管机构的要求，不断增加、完善监督内容。

3. 基金托管人的市场准入

各主要国家和地区的法律法规都对基金托管人的资格有严格的要求。从基金资产的安全性和基金托管人的独立性出发，一般都规定基金托管人必须由独立于基金管理人并具有一定实力的商业银行、保险公司或信托投资公司等金融机构担任。

我国《证券投资基金法》第26条规定，基金托管人由依法设立并取得基金托管资格的商业银行担任。申请取得基金托管资格，应当具备一定的条件，并经中国证监会和中国银监会核准。

1）净资产和资本充足率符合有关规定。

2）设有专门的基金托管部门。

3）取得基金从业资格的专职人员达到法定人数。

4）有安全保管基金财产的条件。

5）有安全高效的清算、交割系统。

6）有符合要求的营业场所、安全防范设施和与基金托管业务有关的其他设施。

7）有完善的内部稽核监控制度和风险控制制度。

8）法律、行政法规规定的和经国务院批准的中国证监会、中国银监会规定的其他条件。

由取得基金托管资格的商业银行担任基金托管人，主要出于以下考虑：一方面，商业银行具有网点、技术和人员优势，能够满足基金资金清算和划拨的需要；另一方面，商业银行具有健全的组织体系和风险控制能力，在现阶段有利于基金的规范运作。

4. 基金托管人的职责

1）安全保管基金资产。

2）按照规定开设基金资产的资金账户和证券账户。

3）对不同的基金分别设置账户，独立核算，分账管理。

4）负责基金投资于证券的清算交割，执行基金管理人的划款指令，并负责办理基金名下的资金往来。

5）按规定出具基金托管情况的报告，复核基金业绩报告，并报银行业监管机构和中国证监会。

6）对基金财务会计报告、季度、半年度和年度基金报告出具意见。

7）复核、审查基金管理人计算的基金资产净值、基金份额净值。

8）建立并保存基金份额持有人名册。

9）保存基金托管业务活动的记录、账册、报表和其他相关资料15年以上。

10）按照规定监督基金管理人的运作。

11）有关法律、法规和基金合同规定的其他义务。

基金的义务和资本逐利动机存在冲突

从中国基金业发展多年的现状来看，尽管基金托管人负有监督基金管理人的投资运作之责任，但是这种监督的实效也因以下几种因素大打折扣。

第一，实际上基金管理人有权决定基金托管人的选聘，并经中国证监会和中国人民银行批准后，还有权撤换基金托管人。换言之，基金管理人往往决定着基金托管人的去留，托管人的地位缺乏独立性必然导致其监督的软弱性。

第二，基金托管业务目前已经成为商业银行一项新的表外业务和利润增长点，市场竞争日趋激烈。银行（托管人）为抢占市场份额，在利益驱动下，有可能纵容、迁就基金管理人的违法违规行为，影响其监管效果。

第三，从利益分配机制看，托管人除了收取相对固定的托管费外不可能再获取其他收益，这样很难使其有足够的动力约束基金管理公司。

信息披露不透明导致的关联交易严重。现在基金管理公司的出资股东大多是银行、保险公司、证券公司、上市公司；它们之间不是存在上下游关系（证券承

拓展知识

销与证券投资、研究与投资），就是存在同业竞争关系（证券自营和投资）。在这种情况下，基金毫无约束地代行基金持有人表决权和代人理财的过程中就自然而然地埋下了利益冲突、内部交易、关联交易、欺诈、操纵，或者反过来听命于行政监管机构而成为政府调控市场的工具等道德风险因素。

当 2007 年 5 月上投摩根"老鼠仓"事发后，按照该基金合同中的规定，"基金管理人因违反基金合同造成基金财产损失的"，托管人"应为基金向基金管理人追偿"，但作为托管人的建设银行一直对此不予置评，导致最终沦为被告。这背后就是基金托管人监管意识和责任意识的缺失。

按国际惯例，契约型基金必须具备四方当事人，即基金持有人、基金受托人、基金管理人和基金保管人。我们的托管把受托人和保管人这两个角色合二为一，并美其名曰"托管人"。虽然国外也有这种先例，但在目前中国模糊的法律安排和缺乏有效激励约束机制的条件下，托管人"轻监督、重保管"也就不足为奇了。虽然基金业发展至今出现了不少黑幕，但从未有一家托管银行提出质疑，每年的托管人报告一直是千篇一律。

在制度建设上，德国和印度的经验都值得借鉴。德国的基金托管人除了保护基金资产之外，还连同德国联邦银行委员会对基金管理人进行监督，而且任何一方都可以对基金管理人违反投资者利益的行为进行起诉，这与建设银行对基金经理违规行为保持沉默形成了鲜明的对比。最重要的是，德国把基金托管人的选择权交由监管机构，这事实上将基金托管人和基金管理人可能的利益交易切断，有助于保护基金持有者的利益。

印度实施的保管与监督分离的制度也许是未来我们要发展的方向。印度将基金受托人具有的保管和监督两个职能分开，受托人负责对基金管理人的投资运作进行监督，而保管人接受受托人的授权行使基金资产的保管职能，并对受托人负责。这样的制度安排使受托人成为投资者利益的唯一"代言人"。

总之，无论是德国模式还是印度模式，其核心都是最大限度地保护基金持有人的利益，并通过合理的制度安排划清基金当事人的权利和义务。因此，上投摩根"老鼠仓"一案建设银行成被告应该成为纠正当前形同虚设的基金托管人监督机制的契机。

（资料来源：崔宇. 基金托管人为何形同虚设 [EB/OL]. http://fund2.eastmoney.com/news, jjdt, 1511641.html）

5. 基金托管业务流程

以开放式基金的托管为例，按照业务运作的顺序，在托管银行内部的基金托管业务流程主要分四个阶段：签署基金合同、基金募集、基金运作和基金终止。

1）签署基金合同。在这一阶段，托管人与拟募集基金的基金管理公司商洽基金募集及托管业务合作事宜。如达成合作意向后，双方草拟、共同签署基金合同（草案）、托管协议（草案），提交监管机构评审。

2）基金募集。在基金募集期间，基金托管人要进行基金托管业务的各项准备。该阶段的主要工作有：刻制基金业务用章、财务用章，开立基金的各类资金账户、证券账户，建立基金账册，与管理人及注册登记机构进行技术系统的联调、测试，将基金有关参数输入监控系统，在募集结束后接受管理人按规定验资后的募集资金划入基金资金账户。如果基金募集不成立，则由基金管理人承担将募集资金返还到投资人账户的职责。

3）基金运作。基金合同生效后，基金管理人开始进行投资运作，基金托管人也开始根据法律法规和基金合同等的规定，进行各类托管业务的运作。托管人在该阶段的主要工作或业务内容有：安全、独立保管基金的全部财产；每个工作日进行基金资产净值计算与会计核算，并与管理人核对；根据管理人的指令办理资金划拨；监督基金投资范围、投资比例、投资风格、关联交易等；承担基金定期报告、招募说明书（更新）等信息披露文件的复核监督；对基金费用提取、收益分配、基金份额持有人大会等业务的实施承担监督职责；保管基金份额持有人名册、重要合同、有关实物证券、业务档案等。

4）基金终止。在更换托管人或基金终止清算两种情形下，根据法律法规的要求，托管人要参与基金终止清算，按规定保存清算结果和相关资料。

基金托管业务操作流程及主要工作内容如图3-2所示。

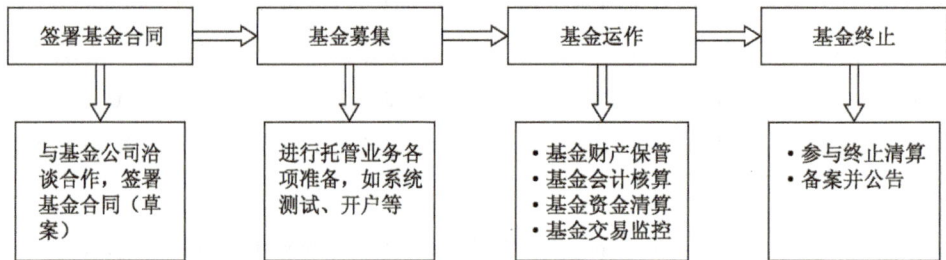

图3-2 基金托管业务操作流程及主要工作内容

任务3　基金投资者选择基金管理人和托管人

【模拟情境】

假设你是基金投资者，要选择优秀的基金管理人和基金托管人。

【规则与要求】

（1）分派5名同学担任基金管理人和基金托管人，其他同学担任基金投资者，共组成3个小组，每个小组选择1人担任组长，由其负责本小组各项工作。

（2）基金管理人小组和基金托管人小组的组长指挥本小组就主要业务及其特点、主要职责及权利，向基金投资者小组进行介绍。

（3）基金投资者小组就投资基金时涉及的基金管理人和基金托管人等问题，向基金管理人小组和基金托管人小组进行提问，基金管理人小组和基金托管人小组进行相应回答。

（4）教师引导学生分析基金管理人的投资风格和托管人特征，辅助学生完成任务，并对情境模拟情况进行点评和总结。

【评价标准】

由学生互评、教师点评相结合，评价标准如下。

（1）对基金管理人、托管人相关资料准备是否充分。

（2）团队成员参与活动的态度好坏与团队合作的效率高低。

【相关知识】

1. 基金投资者的重要性

基金投资者是指持有基金单位或基金股份的自然人和法人，也就是基金份额持有人。他们是基金资产的实际所有者，享有基金信息的知情权、表决权和收益权。按照通行做法，基金的资产由基金托管人保管，并且一般以托管人的名义持有，但是，基金最后的权益属于基金投资者，投资者承担基金投资的亏损和收益。

基金的一切投资活动都是为了增加投资者的收益，一切风险管理都是围绕保护投资者利益来考虑的。因此，基金投资者是基金一切活动的中心。投资者自取得依法募集的基金份额起，即成为基金份额持有人和基金合同的当事人，直至其不再持有本基金的基金份额。基金投资者作为基金当事人并不以在基金合同上书面签章或签字为必要条件。每份基金份额代表同等的权利和义务。

2. 基金投资者的权利与义务

基金投资者的基本权利包括对基金收益的享有权、对基金单位的转让权和一定程度上对基金经营的决策权。按照法规的规定，我国的基金投资者享有以下权利和义务，如表3-4所示。

表3-4　基金投资者的权利和义务

基金投资者的权利	1）分享基金资产收益 2）参与分配清算后的剩余基金资产 3）依法转让或者申请赎回其持有的基金份额 4）按照规定要求召开基金份额持有人大会 5）出席或者委派代表出席基金份额持有人大会，对基金份额持有人大会审议事项行使表决权 6）查阅或者复制公开披露的基金信息资料 7）对基金管理人、基金托管人、销售机构损害其合法权益的行为依法提起诉讼 8）法律法规和《基金合同》规定的其他权利 9）基金份额持有人在一定程度上享有对基金经营决策的参与权
基金投资人的义务	1）遵守《基金合同》 2）缴纳基金认购、申购、赎回款项及法律法规和《基金合同》所规定的费用 3）在其持有的基金份额范围内，承担基金亏损或者《基金合同》终止的有限责任 4）不从事任何有损基金及其他《基金合同》当事人合法权益的活动 5）返还在基金交易过程中因任何原因，自基金管理人、基金托管人及代销机构处获得的不当得利 6）执行生效的基金份额持有人大会的决定 7）法律法规及中国证监会规定的和《基金合同》约定的其他义务

拓展知识

为什么要相信基金公司的专家理财

我们可以直接投资的是股票、债券、期货、黄金，而中间有专家替代我们投资的是基金、信托、银行理财产品及各种委托理财产品。

有很多市场我们无法进入，或者门槛太高。有很多市场我们并不专业，必须委托专业人士代劳，如果有彼得·林奇这样的天才投资家帮忙，那我们为什么还要自己动手呢？在很多时候，个人投资者进入市场徒手博弈的后果往往会惨不忍睹。在风险控制上，个人投资者经常会对下跌的市场猝不及防、手足无措。

在2008年股市下挫的过程中，股民损兵折将。再看看风险较高的股票基金和混合基金，两年下来，虽然平均净值增长率为负（大约下跌10%），但仍大幅超越上证指数40%左右；债券基金和货币市场基金风险较低，两年下来均取得了正收益，分别是13.86%和7.26%，在股市下跌的同期，为投资者实现了保值、增值。

当然，上面统计的是平均值，个别股票基金表现远好于一般水平，如华夏大盘精选混合基金和华夏复兴股票基金在这两年也取得正收益，分别是26.24%和6.53%。

基金公司无疑将"专家理财"的特性发挥得淋漓尽致。基金公司的专业性主要体现在基金公司的投资研究团队上，在市场上涨过程中，通过积极挑选行业和股票，实现优秀的市场业绩；在市场下跌过程中，控制好仓位，做好防御型投资，尽量减少投资者的损失。

基金公司的确在基金投资上具有较高的专业性，实现了为百姓理好财的目标，而投资者可以考虑选择像华夏基金这样的优秀公司，并树立长期投资的观念，实现基金投资的长期保值、增值。

（资料来源：华夏基金管理有限公司.做一个理性的投资者[M].北京：北京大学出版社，2010）

3. 基金份额持有人大会

基金份额持有人大会由基金份额持有人或基金份额持有人的合法授权代表共同组成。基金份额持有人持有的每一基金份额拥有平等的投票权。

（1）基金份额持有人大会的召集人

基金份额持有人大会的召集人的相关规定如表3-5所示。

表3-5　基金份额持有人大会的召集人的相关规定

召集人	召集规定
基金管理人	《证券投资基金法》规定，基金份额持有人大会由基金管理人召集；基金管理人决定召集的，应当自出具书面决定之日起60日内召开
基金托管人	基金管理人未按规定召集或不能召集时，由基金托管人召集；基金托管人认为有必要召开基金份额持有人大会的，应当向基金管理人提出书面提议。基金管理人应当自收到书面提议之日起10日内决定是否召集，并书面告知基金托管人。基金管理人决定不召集，基金托管人仍认为有必要召集的，应当由基金托管人自行召集

续表

召集人	召集规定
基金份额 持有人	代表基金份额 10% 以上（含 10%）的基金份额持有人就同一事项书面要求召开基金份额持有人大会，应当向基金管理人提出书面提议。基金管理人应当自收到书面提议之日起 10 日内决定是否召集，并书面告知提出提议的基金份额持有人代表和基金托管人。基金管理人决定召集的，应当自出具书面决定之日起 60 日内召开
	基金管理人决定不召集，代表基金份额 10% 以上（含 10%）的基金份额持有人仍认为有必要召开的，应当向基金托管人提出书面提议。基金托管人应当自收到书面提议之日起 10 日内决定是否召集，并书面告知提出提议的基金份额持有人代表和基金管理人；基金托管人决定召集的，应当自出具书面决定之日起 60 日内召开
	基金管理人、基金托管人都不召集的，单独或合计代表基金份额 10% 以上（含 10%）的基金份额持有人有权自行召集，并至少提前 30 日报中国证监会备案。基金份额持有人依法自行召集基金份额持有人大会的，基金管理人、基金托管人应当配合，不得阻碍、干扰

（2）议事内容和方式

基金份额持有人大会议事内容为关系基金份额持有人利益的重大事项，如修改基金合同，决定终止基金，更换基金管理人，更换基金托管人，转换基金运作方式，提高基金管理人、基金托管人的报酬标准，变更基金投资目标、范围或策略，与其他基金合并，法律法规及基金合同规定的其他事项，以及会议召集人认为需提交基金份额持有人大会讨论的其他事项。

基金份额持有人大会可通过现场开会方式或通信开会等方式召开。会议的召开方式由会议召集人确定，但更换基金管理人和基金托管人必须以现场开会方式召开。每份基金份额具有一票表决权，基金份额持有人可以委托代理人出席基金份额持有人大会，并行使表决权，基金份额持有人大会应当有代表 50% 以上的基金份额持有人参加，方可召开；大会就审议事项做出决定，应当经参加大会的基金份额持有人所持表决权 50% 以上通过；但是转换基金运作方式、更换基金管理人或基金托管人、提前终止基金合同，应当经参加大会的基金份额持有人所持表决权的 2/3 以上通过；基金份额持有人大会决定的事项，应当依法报国务院证券监督管理机关审核或备案，并公告。

基金份额持有人大会不得对未事先公告的议事内容进行表决。

从业资格考试训练题

一、单选题（以下备选答案中只有一项最符合题目要求）

1. 我国《证券投资法》规定，基金管理人只能由依法设立的（   ）担任。

    A．基金管理公司　　B．基金托管人　　　C．投资管理公司　　D．基金发起人

2. 因与基金管理人共同行为导致基金资产损失时，托管人应该（   ）。

    A．强制扣划基金管理费弥补损失　　　　B．代基金承担追债责任

    C．以托管费代为赔偿　　　　　　　　　D．承担连带赔偿责任

3. 目前，我国证券投资基金管理费由（   ）从基金资产中定期支付给基金管理人。

    A．基金注册登记机构　　　　　　　　　B．基金发起人

    C．基金份额持有人　　　　　　　　　　D．基金托管人

4. 基金管理公司的主要股东是指出资额占基金管理公司注册资本的比例最高，且不低于（   ）的股东。

    A．20%　　　　　　B．25%　　　　　　C．33%　　　　　　D．50%

5. 基金（   ）是基金产品的募集者和基金的管理者，其主要职责就是按照基金合同的约定，负责基金资产的投资运作，在风险控制的基础上为基金投资者争取最大的投资收益。

    A．股份持有人　　　　　　　　　　　　B．管理人

    C．托管人　　　　　　　　　　　　　　D．注册登记机构

6. 我国基金托管人由（   ）批准的商业银行担任。

    A．证监会　　　　　　　　　　　　　　B．中国人民银行

    C．证监会和中国人民银行　　　　　　　D．证监会和银监会

7. 在我国，基金管理人、基金托管人和基金投资者的权利与义务在（   ）中约定。

    A．基金份额上市交易公告书　　　　　　B．招募说明书

    C．基金合同　　　　　　　　　　　　　D．基金成立公告

8. 基金持有人与基金管理人的关系是通过信托关系而形成的（   ）之间的关系。

    A．监管机构与经营者　　　　　　　　　B．基金托管人与监管机构

    C．机构经营者与基金监管机构　　　　　D．所有者与经营者

9. 证券投资基金的主要当事人是依据（   ）运作的。

    A．信托关系　　　　B．买卖关系　　　　C．合同关系　　　　D．合作关系

10. 基金托管人是证券投资基金的主要当事人之一，主要通过托管业务获取

（   ）作为其主要收入来源。

    A．托管费   B．管理费   C．申购费   D．赎回费

二、多选题（以下备选答案中有两项或两项以上符合题目要求）

1．依据国家法律、法规和基金合同的规定，属于基金管理人职责的有（   ）。

    A．计算并公告基金资产净值   B．持有并保管基金资产

    C．按规定披露基金信息   D．管理并运作基金资产

2．下列相关基金信息需托管人复核、审查的有（   ）。

    A．基金份额净值   B．基金份额申购、赎回价格

    C．基金资产净值   D．持有人账户户数

3．基金的资金清算依据交易场所的不同可以分为（   ）。

    A．场外资金清算

    B．全国银行间债券市场交易资金清算

    C．基金管理公司资金清算

    D．交易所交易资金清算

4．基金管理人的主要职责有（   ）。

    A．依法募集基金

    B．建立并保存基金份额持有人名册

    C．复核、审查基金管理人计算的基金资产净值、基金份额净值

    D．办理与基金财产管理业务活动有关的信息披露事项

5．基金托管人的作用主要体现在（   ）。

    A．防止基金财产挪作他用，有效保障资产安全

    B．促使基金管理人按有关要求运作基金财产，保护份额持有人利益

    C．计算并公告基金资产净值，确定基金份额申购、赎回价格

    D．防范、减少基金会计核算中的差错

6．基金资产保管的主要内容包括（   ）。

    A．保管基金印章

    B．管理基金资产账户

    C．保管基金的重大合同、基金的开户资料、预留印鉴、实物证券的凭证

    D．核对基金资产

7．基金托管人应当履行的职责一般包括（   ）。

    A．资产保管，即基金托管人应为基金资产设立独立的账户，保证基金全部

资产的安全完整

    B．资金清算，即执行基金管理人的投资指令，办理基金名下的资金往来

    C．会计复核，即建立基金账册并进行会计核算，复核审查管理人计算的基金资产净值和份额净值

    D．投资监督，监督基金管理人的行为是否符合基金合同的规定

8．《证券投资基金法》规定，我国基金份额持有人享有的权利包括（　　　）。

    A．分享基金财产收益，参与分配清算后的剩余基金财产

    B．依法转让或申请赎回其持有的基金份额，按照规定要求召开基金份额持有人大会

    C．对基金份额持有人大会审议事项行使表决权，查阅或复制公开披露的基金信息资料

    D．对基金管理人、基金托管人、基金份额发售机构损害其合法权益的行为依法提出诉讼

9．基金市场的参与主体主要包括（　　　）。

    A．基金投资者　　　　　　　　　　B．基金管理人和基金托管人

    C．基金销售机构等市场服务机构　　D．基金监管与自律机构

10．关于基金公司的业务特点，以下说法正确的是（　　　）。

    A．与较高负债的银行、保险公司等机构相比，经营风险较高

    B．收入主要来自以资产规模为基础的咨询费

    C．核心竞争力来自投资管理能力

    D．业务对时间与准确性的要求很高

三、判断题（正确的用 A 表示，错误的用 B 表示）

1．在我国，基金托管人承担基金份额的销售与注册登记工作。（　　　）

2．根据《证券投资基金法》规定，基金公司、证券公司、商业银行等机构可从事基金的募集活动。（　　　）

3．基金管理人对所管理的不同基金财产不需要分别管理、分别记账。（　　　）

4．基金管理人职责之一是召集基金份额持有人大会。（　　　）

5．基金份额持有人不可参与分配清算后的剩余基金财产。（　　　）

6．基金收益的多少及风险的大小取决于基金管理人管理运用基金资产的水平。（　　　）

7．基金管理公司管理的是受托资产，一般不进行负债经营。（　　　）

8．签署基金合同是基金托管人开展基金托管业务的起始阶段。（　　）

9．基金份额持有人享有基金信息的知情权、表决权、收益权。（　　）

10．托管人以基金名义开立基金资金账户和证券账户，保证不同基金的账户相互独立，但基金账户不必独立于托管银行的账户。（　　）

四、问答题

1．在基金运作中基金管理人具有哪些作用？

2．基金管理公司主要业务有哪些？基本特点是什么？

3．在基金动作中，基金托管人具有哪些作用？

4．在基金运作中，基金份额持有人、管理人、托管人三者之间的关系是什么？

五、能力训练题

1．案例分析

近20年来，在我国基金业的发展中，我国基金管理公司的数量不断增长，规模不断扩大，管理水平不断提升，并形成各自的管理风格。截至2017年9月，中国证券监督委员会网站上公布的我国基金管理公司总数已达117家。选择基金，首先要选择一家优秀的基金管理公司。

问题：如何选择一家优秀的基金管理公司？

2．实践训练

投资者在银行、保险、资本市场中合理配置资产时，一般应遵守"三三制"的配置原则。一是投资者不能用基金投资来替代保险的保障功能。二是由于货币型基金风险很低，流动性较好，被证明是良好的现金管理工具，可以替代部分储蓄产品；债券基金属于基金中相对风险小的品种，其长期平均的风险和预期收益率低于股票基金和混合基金，高于货币市场基金，稳健的投资者在谨慎选择产品的基础上，也可以替代部分储蓄产品。三是不要把预防性储蓄投资到高风险的资本市场中。对于大部分人而言，只有依靠合理的投资回报率，才能既提高生活品质，又不断改善财务健康状况。从理财的角度看，一般来说，投资者应至少拿出净资产即全部资产减去全部负债的差额的50%投资于基金、股票、债券、投资性房产等。请你根据你家的资产状况及理财需求，确定基金投资的比例。

要求：

（1）通过调查你家的资产及负债状况，计算你家的总资产、总负债及净资产。

（2）按照上述"三三制"的配置原则及你家的理财需求，确定你家的基金投资比例。

项目四
掌握证券投资基金的募集认购与交易、申购和赎回

学习目标

知识目标

掌握基金的募集方式和募集流程；掌握基金的认购（申购）渠道、认购（申购）方式，掌握认购（申购）费用、金额和份额计算。

能力目标

在掌握基金认购（申购）知识的基础上，能够向投资者介绍投资基金的流程，以及帮助投资者计算申购与赎回等费用。

学习任务

任务 1　认知基金募集、认购流程

任务 2　为投资者提供基金交易、认购（申购）、赎回等咨询服务

2017 年 8 月 5 日，国金基金公告称，旗下国金鑫金截至 7 月 27 日基金募集期限届满，未能满足《基金合同》规定的基金备案条件，因而不能生效，再度引发市场关注。这是 2017 年以来第四只募集失败的公募基金。事实上，在 2017 年以前，公募基金 18 年发展历史上从未出现募集失败案例。但 2017 年二季度以来，新基金发行陷入冰冻期。除了货币基金发行走强之外，股票基金、债券基金、混合基金等发行规模都大幅下降。而三季度以来，新基金发行仍步履维艰，这一趋势甚至愈演愈烈。

此前已有嘉合睿金定期开放混合、诺德天利灵活配置混合型证券投资基金、摩根士丹利华鑫多元安享 18 债券基金等 3 只基金未能募集成功。募资不成功的 4 只基金中，3 只混合基金，1 只债券基金。股市、债市不好，基金发行难，资金难找，是 2017 年出现基金募集失败和募集延期的主要原因。从二季度以来，新基金的发行越来越困难，数据显示，7 月共发行新基金 22 只，多只基金是踩着成立线勉强成立。如国泰上证 10 年期限国债 ET、前海开源顺和、长信先优、民生加银鑫华等好些基金的发行规模均是在 2 亿元出头。事实上，新成立的基金不但出现了募集失败的案例，而且有不少延期募集期的现象。在市场不好时，许多基金为了保证成立，基金公司不得不延长募集期。有公开数据指，2017 年上半年有约 90 只基金延长了募集期。如长信稳势纯债债券基金近日公告，原定认购截止日期为 7 月 31 日，现将募集时间延长至 8 月 14 日。

（资料来源：庞华玮. 发行难拷问新基金——募集失败和延期频现 [J]. 21 世纪经济报道）

任务1　认知基金募集、认购流程

【模拟情境】

假定有某一基金管理公司准备发起一只基金，现有基金份额认购者、中国证监会基金监管部、基金份额代销机构如商业银行或证券公司等机构，基金管理公司如何处理与各机构的关系。

【规则与要求】

（1）以班级为单位，分别组成基金管理公司、基金监管机构、基金代销机构、投资者等工作小组，其他人为专业观众，每小组选择一个人担任组长，由其负责本小组各项工作。

（2）各工作小组就基金的募集与认购，模拟基金募集与认购程序，正确处理与其他机构的关系。

（3）专业观众提出相关问题及建议。

【评价标准】

由学生互评、教师点评相结合，评价标准如下。

（1）对基金发行流程把握是否正确。

（2）各机构的工作内容与职责执行情况是否正确。

（3）团队成员参与活动的态度好坏与团队合作的效率高低。

【相关知识】

1. 基金的募集方式

基金的募集是证券投资基金投资的起点。基金募集方式是指基金募集资金的具体办法。从不同的角度来看，基金募集方式可以分为公募发行与私募发行、自行发行与代理发行、网上发行与网下发行。

（1）公募发行与私募发行

公募发行与私募发行的主要区别在于，两者选择了不同范围的投资者作为基金发行对象。公募发行又称公开发行，是指发行人通过中介机构向不特定的广大投资者发售基金份额。在公募发行方式下，所有合法的社会投资者都可以参加认购，发行人可以募集巨额资金。为了保障广大投资者的权益，各国对公募发行都有严格的要求。例如，各国政府针对公募发行及公募发行基金制定和颁布了相应的法律法规及部门规章；在基金发行时，发行人要有较高的信用，符合相关法规及证券主管部门规定的发行条件，并经证券主管部门批准；在基金运行过程中，要披露相关信息，基金投资受到严格限制，并接受证券主管部门的严格监管。目前，我国证券市场上的封闭式基金和开放式基金都属于公募基金。

私募基金是指发行人通过非公开方式向少数特定投资者募集资金而设立的基金。由于私募基金的销售和赎回都是通过基金管理人与投资者私下协商来进行的，因此，又称为向特定对象募集的基金。从募集方式上看，私募基金具有四方面的特点：一是基金募集为了获得监管方面的豁免，只能针对少数高收入或高财产及资金比较充裕的特定募集对象；二是采取非公开方式，不得采用一般性广告或公开劝诱行为；三是私募基金的申购与赎回是通过直接洽商方式进行的，发行人与投资者之间一对一的直接洽商过程可以保证私募基金发行与转售的非公开性和仅面对特定对象；四是投资者参与私募基金的目的是投资而非转售，其判断标准是其持有私募基金的时间。一般情况下，投资者持有私募基金的时间相对较长，也正是由于对投资者参与私募基金的目的有限制，私募基金的募集对象仅限于少数特定投资者。

公募基金和私募基金各有千秋，它们的健康发展对金融市场的发展都有至关重要的意义。在我国，由于基金市场起步较晚，还不够成熟，为了保障基金投资者的权益，目前得到法律认可的只有公募基金，市场的需要远远得不到满足。

（2）自行发行与代理发行

基金的自行发行是指基金发行人即基金管理公司不通过证券公司、商业银行及其他中介机构而直接发行。这种发行方式手续简便，发行费用较少，但发行范围有限，基金募集时间较长，容易造成认购集中、募集金额有限、基金募集风险较大。因此，一般只是在发行份额较少时才采用这种方式。

基金的代理发行是指基金发行人委托证券公司、商业银行或其他中介机构代理发行。与自行发行相比，这种发行方式发行范围广泛，基金募集时间较短，可以募集巨额资金，但发行手续复杂，发行费用较大。目前，我国的封闭式基金和开放式基金大多采取这种方式。

（3）网上发行与网下发行

基金的网上发行是指基金发行人通过与证券交易所交易系统联网的各地证券营业部，将所要发行的基金单位发售给投资者的发行方式。在这种发行方式下，投资者要申购基金时，首先要在证券营业部开立基金账户（或股票账户）和资金账户；在基金发行时，投资者只要在所开立的基金账户存有可申购基金的资金，就可以到开立基金账户的证券营业部申购基金；若申购成功，交易系统将申购基金的资金从投资者资金账户划出，将所申购的基金单位划入基金账户。

基金的网下发行是指基金发行人通过各地的证券公司营业部、商业银行或其他代理发行机构等基金发售网点，将所要发行的基金单位发售给投资者的发行方式。在这种发行方式下，虽然发行人发售基金的路径与网上发行有所不同，但投资者申购基金的程序与上述网上发行基本相同。

2. 基金的募集程序

基金的募集是指基金管理公司根据有关规定向中国证监会提交募集申请文件、发售基金份额、募集基金的行为。基金的募集程序一般要经过申请、注册、发售、基金合同生效四个步骤（见表4-1）。

表4-1　基金的募集程序

程序	募集人	受理机构	工作内容	工作期限
申请	基金管理人	中国证监会	提交文件： 1. 申请报告 2. 合同草案 3. 基金托管协议草案 4. 招募说明书草案	
注册		中国证监会	申请注册	常规基金产品注册审查时间原则上不超过20个工作日，其他产品注册审查时间不超过6个月
发售	基金管理人		发售基金价格一般采用1元基金份额面值加计0.01元 1. 发售基金 2.公布基金招募说明书，基金合同及其他相关文件 3. 资金存入专门账户	自收到核准文件之日起6个月内进行基金份额的发售。募集期限小于3个月
基金合同生效	基金管理人	中国证监会	1. 封闭式基金募集额达核准规模的80%以上，持有人达200人以上。开放式基金募集份额总额不少于2亿份，金额不少于2亿元，持有人不少于200人。满足以上条件基金合同生效 2. 机构验资 3. 提交备案手续 4. 发布基金合同生效公告	1. 基金管理人应在募集期限届满之日起10日内请法定验资机构验资 2. 证监会收到验资报告和备案材料之日起3个工作日内予以书面确认 3. 自证监会书面确认之日起，基金合同生效 4. 基金管理人应收到确认文件的次日发布基金合同生效公告

无论是封闭式基金还是开放式基金，基金募集期限届满，基金不满足有关募集要求的，基金募集失败，基金管理人应承担以下责任：①以固有财产承担因募集行为而产生的债务和费用。②在基金募集期限届满后30日内返还投资者已缴纳的款项，并加计银行同期存款利息。

《证券投资基金法》第52条关于公开募集基金的基金合同规定的内容

募集基金的目的和基金名称；基金管理人、基金托管人的名称和住所；基金的运作方式；封闭式基金的基金份额总额和基金合同期限，或者开放式基金的最低募集份额总额；确定基金份额发售日期、价格和费用的原则；基金份额持有人、基金管理人和基金托管人的权利、义务；基金份额持有人大会召集、议事及表决的程序和规则；基金份额发售、交易、申购、赎回的程序、时间、地点、费用计算方式，以及给付赎回款项的时间和方式；基金收益分配原则、执行方式；基金管理人、基金托管人报酬的提取、支付方式与比例；与基金财产管理、运用有关的其他费用的提取、支付方式；基金财产的投资方向和投资限制；基金资产净值的计算方法和公告方式；基金募集未达到法定要求的处理方式；基金合同解除和终止的事由、程序以及基金财产清算方式；争议解决方式；当事人约定的其他事项。

《证券投资基金法》第 53 条关于公开募集基金的基金招募说明书规定的内容

基金募集申请的准予注册文件名称和注册日期；基金管理人、基金托管人的基本情况；基金合同和基金托管协议的内容摘要；基金份额的发售日期、价格、费用和期限；基金份额的发售方式、发售机构及登记机构名称；出具法律意见书的律师事务所和审计基金财产的会计师事务所的名称和住所；基金管理人、基金托管人报酬及其他有关费用的提取、支付方式与比例；风险警示内容；国务院证券监督管理机构规定的其他内容。

（资料来源：《证券投资基金法》）

3. 基金的认购

在基金募集期内购买基金的行为通常称为基金的认购。

（1）开放式基金的认购

开放式基金的认购方式和认购费用如表 4-2 所示。

表 4-2　开放式基金的认购方式和认购费用

认购步骤	认购	投资者填写认购申请表，全额交款，可多次认购，不得撤销
	确认	T 日提交认购申购后，T+2 日查询受理情况，最终结果要待基金募集期结束后确认
认购方式	金融认购	以金额申请，在基金认购结束后，再按基金份额的认购价格，将申请认购基金的金额换算为投资者应得的基金份额
认购费率	不同基金类型费率不同	股票基金不超过 1.5%，债券基金不超过 1%，货币市场基金不收认购费
收费模式	前端收费	指在认购基金份额时就支付认购费用的付费模式
	后端收费	指在认购基金份额时不收费，在赎回基金份额时才支付认购费用的付费模式。随着投资时间的延长而减少，甚至不收取认购费用
认购费用与认购份额计算公式	认购费用	净认购金额＝认购金额／（1+认购费率） 认购费用＝认购金额－净认购金额
	认购份额	认购份额＝（净认购金额＋认购利息）/基金份额面值

（2）封闭式基金的认购

封闭式基金的发售，由基金管理人负责办理，一般会选择证券公司组成承销团代理基金份额的发售，基金管理人应当在基金份额发售的 3 日前公布招募说明书、基金合同及相关文件。封闭式基金认购特点如表 4-3 所示。

表 4-3　封闭式基金认购特点

发售方式	网上发售：通过与证券交易所的交易系统联网的全国各地的证券营业部向公众发售基金份额
	网下发售：通过基金管理人指定的营业网点和承销商的指定账户向机构或个人投资者发售基金份额
认购价格	按 1.00 元募集，外加券商自行按认购费率收取的认购费
认购程序	1. 开立沪、深证券账户或沪、深基金账户及资金账户 2. 在资金账户存入足够资金 3. 以"份额"为单位提交认购申请

（3）ETF 和 LOF 份额的认购

1）ETF 份额的认购。与普通的开放式基金不同，根据投资者认购 ETF 份额所支付的对价种类，ETF 份额的认购又分为现金认购和证券认购。投资者一般可选择场内现金认购、场外现金认购及证券认购方式认购 ETF 份额。ETF 份额认购特点如表 4-4 所示。

表 4-4　ETF 份额认购特点

认购方式	现金认购：用现金换购 ETF 份额	场内现金认购：投资者通过基金管理人指定的基金发售代理机构以现金方式参与证券交易所网上定价发售
		场外现金认购：投资者通过基金管理人及其指定的基金发售代理机构以现金方式进行认购
	证券认购	投资者通过基金管理人及其指定的发售代理机构对指定的证券进行认购
认购开户	场内现金认购	需具有沪、深证券账户
	场外现金认购	需具有开放式基金账户或沪、深证券账户
	证券认购	需具有沪、深 A 股证券账户

2）LOF 份额的认购。目前，我国只有深圳证券交易所开办 LOF 业务。LOF 份额认购特点如表 4-5 所示。

证券投资基金

088

表4-5　LOF份额认购特点

认购方式	场外认购：注册登记在中国证券结算有限责任公司的开放式基金注册登记系统
	场内认购：注册登记在中国证券登记结算有限责任公司的证券登记结算系统
认购渠道	具有基金代销业务资格的证券经营机构营业网点
	基金管理人及代销机构的营业网点
开户	场内认购：深圳证交所人民币普通证券账户或证券投资基金账户
	场外认购：中国证券登记结算有限责任公司深圳证交所开放式基金账户

（4）QDII基金份额的认购

QDII基金份额的认购程序与开放式基金基本相同，主要包括开户、认购、确认三个步骤。在募集期间内，投资者在基金管理人、供销机构办理基金发售业务的营业场所或按基金管理人、代销机构提供的其他方式办理基金的认购。QDII基金主要投资于境外市场，其认购特点如表4-6所示。

表4-6　QDII基金认购特点

基金管理人	必须具备合格境内机构投资者资格和经营外汇业务资格
	可以根据产品特点确定QDII基金份额面值的大小
计价货币	人民币、美元或其他外汇货币

（5）分级基金份额的认购

我国分级基金的募集包括合并募集和分开募集，其认购特点如表4-7所示。

表4-7　分级基金认购特点

募集方式	合并募集	投资者以母基金代码进行认购
		募集完成后，场外募集基础份额不进行拆分，场内募集基础份额在募集结束后自动分拆成子份额
	分开募集	分别以子代码进行认购
		通过比例配售实现子份额的配比
认购方式	场外认购	注册登记在中国证券登记结算有限责任公司的开放式基金注册登记系统
	场内认购	注册登记在中国证券登记结算有限责任公司的证券登记结算系统
认购渠道		具有基金销售业务资格的证券经营机构营业部
		基金管理人及其代销机构的营业网点

任务2　为投资者提供基金交易、认购（申购）、赎回等咨询服务

【模拟情境】

刘女士已经在证券公司开立证券账户，一直在做股票投资，现想投资封闭式（开放式）基金，但不了解封闭式（开放式）基金投资的相关情况，请为其提供相关基金交易申购、赎回流程与规则的咨询。

【规则与要求】

（1）以小组为单位，六人一组，分别担任客户、证券客户经理。每小组选择一人担任组长，由其负责本小组各项工作。

（2）每组组长指挥本小组成员模拟为刘女士提供封闭式（开放式）基金交易（申购、赎回）流程与规则的咨询服务。

（3）教师引导学生学习封闭式基金交易相关知识，观察模拟过程，并提出相关问题及建议。

【评价标准】

由学生互评、教师点评相结合，评价标准如下。

（1）对封闭式（开放式）基金交易（申购、赎回）流程与规则理解是否准确。

（2）为客户提供咨询服务是否全面、规范。

（3）团队成员参与活动的态度好坏与团队合作的效率高低。

【相关知识】

1. 封闭式基金的交易

封闭式基金的上市交易是指符合条件的封闭式基金经批准在交易所挂牌交易。在我国，封闭式基金上市交易的场所是上海证券交易所和深圳证券交易所。截至 2016 年 9 月 30 日，我国封闭式基金合计 54 只，规模为 817 亿份。基金份额均在上海证券交易所或深圳证券交易所上市交易。

（1）上市交易条件

封闭式基金可以申请上市交易，但需要具备一定的条件。在我国，《证券投

资基金法》规定，封闭式基金的基金份额，经基金管理人申请，中国证监会核准，可以在证券交易所上市交易。中国证监会可以授权证券交易所依照法定条件和程序核准基金份额上市交易。基金份额上市交易应符合下列条件：

1）基金的募集符合《证券投资基金法》的规定。

2）基金合同期限为 5 年以上。

3）基金募集金额不低于 2 亿元人民币。

4）基金份额持有人不少于 1 000 人。

（2）交易账户的开立

投资者买卖封闭式基金必须开立交易账户，包括基金账户或股票账户和资金账户。股票账户可用于股票、基金、国债及其他债券的认购及交易，基金账户只能用于基金、国债及其他债券的认购及交易。

个人投资者开立基金账户，需持本人身份证到证券注册登记机构办理开户手续。办理资金账户需持本人身份证和已经办理的证券账户卡或基金账户卡，到证券经营机构办理。每个有效证件只允许开设 1 个基金账户，已开设证券账户的不能再重复开设基金账户。每位投资者只能开设和使用 1 个证券账户或基金账户。

（3）基金交易规则、交易时间和交易费用（见表 4-8）

表 4-8　基金交易规则、交易时间和交易费用

交易规则	交易原则	"价格优先、时间优先"
	报价单位	买入或卖出基金份额的最小数量单位，1 个交易单位俗称 1 手，买入与卖出封闭式基金份额申报数量应当为 100 份或其整数倍，单笔最大数量应低于 100 万份。基金的申报价格最小变动单位为 0.001 元人民币
	交割	实行 T+1 交割
交易时间		封闭式基金的交易时间是每周一至周五（法定公众节假日除外）9:30—11:30、13:00—15:00
交易费用		佣金不得高于成交金额的 0.3%，起点为 5 元，交易不收取印花税
折（溢）价率		折（溢）价率 =（二级市场价格 − 基金份额净值）÷ 基金份额净值 ×100% =（二级市场价格 ÷ 基金份额净值 −1）×100%

（4）影响封闭式基金交易价格的因素

1）基金单位资产净值。基金单位资产净值主要受以下因素的影响：一是证券市场行情。基金是投资有价证券的间接投资工具，基金资产主要投资于证券市场，证券市场行情及其影响因素直接或间接地影响着基金的收益及基金单位资产净值，最终影响着基金的价格。二是基金管理人的管理水平。面对同样的证券市

场行情，不同的基金因基金管理人水平不同，基金单位资产净值有所不同。如果基金管理人的管理水平较高、管理经验丰富，能够及时、正确地把握证券市场的行情变化，并能进行正确决策和有效操作，其管理的基金业绩就会好，基金单位资产净值也会高。三是政府对基金的税收政策。政府对基金的税收政策会直接影响基金的投资收益，进而影响基金单位资产净值。

2）基金市场行情。基金市场行情是影响基金交易价格的另一个重要因素。一般来说，基金交易价格与基金市场行情有着密切的关系。在其他条件不变的情况下，如果基金市场行情看好，市场交易活跃，基金交易价格也不断上升。影响基金市场行情的主要因素：一是基金市场的供求关系；二是基金的交易成本；三是投资者的投机心理。

3）封闭期的长短。在通常情况下，基金封闭期越长，基金交易价格偏离其价值的可能性就越大，因此，基金交易价格也就可能越高。

封闭式基金折价率与二级市场关系

投资者常常使用折（溢）价率反映封闭式基金份额净值与其二级市场价格之间的关系。

当基金二级市场价格高于基金份额净值时，为溢价交易，对应的是溢价率；当二级市场价格低于基金份额净值时，为折价交易，对应的是折价率。

目前，封闭式基金的价格大多低于净值，即主要是折价交易，而在封闭式基金成立之初也曾出现过溢价交易的情况。除了投资目标和管理水平外，折价率是评估封闭式基金的一个重要因素。由于规模限制、流动性影响，封闭式基金普遍存在折价率。高折价率是目前引发投资的重要因素。

例如，某一封闭式基金某日净值为 2.25 元，当天的收盘价为 1.75 元，那么，这只基金的折价值就是：2.25–1.75=0.5（元）

折价率就是：（2.25–1.75）÷2.25%=22.22%

以后封转开的时候就算这只基金不涨也不跌，也能获得 22.22% 的收益。

拓展知识

2. 开放式基金的申购与赎回

（1）申购、赎回的概念

投资者在开放式基金合同生效后，申请购买基金份额的行为通常被称为基金的申购。

开放式基金的赎回是指基金份额持有人要求基金管理人购回其所持有的开放式基金份额的行为。

开放式基金的申购和赎回与认购一样，可以通过基金管理人的直销中心与基金销售代理人的代销网点办理。

拓展知识

申购和认购的区别

认购指在基金设立募集期内，投资者申请购买基金份额的行为。申购指在基金合同生效后，投资者申请购买基金份额的行为。二者的区别如下：①认购期购买基金的费率要比申购期低，在基金募集期内认购基金份额，一般会享受到一定的费率优惠。②认购是按1元进行认购，而申购是按未知价确认。③认购期购买的基金份额要在基金合同生效时确认，并且有封闭期，而申购基金份额通常在T+2之内确认，确认后的下一个工作日就可赎回。

在认购期内产生的利息以注册登记中心的记录为准，在基金合同生效时，自动转换为投资者的基金份额，即利息收入增加了投资者的认购份额。

在购买过程中，无论是认购还是申购，在交易时间内投资者可以多次提交认购/申购申请，注册登记机构对投资者认购/申购费用按单个交易账户单笔分别计算。不过，一般来说，投资者在份额发售期内已经正式受理的认购申请不得撤销。对于在当日基金业务办理时间内提交的申购申请，投资者可以在当日15:00前提交撤销申请，予以撤销；15:00后则无法撤销申请。

（2）申购、赎回渠道

开放式基金的申购、赎回渠道同认购渠道。投资者可以亲自上门或采用电话、传真或互联网等形式，通过基金管理人或其委托的基金代销机构进行申购、赎回。

（3）开放式基金的申购、赎回和费用计算（见表4-9）

表4-9 开放式基金的申购、赎回和费用计算

交易原则	股票基金、债券基金	1."未知价"交易原则。投资者在申购、赎回基金份额时并不能即时获知买卖的成交价格。申购、赎回价格只能以申购、赎回日交易时间结束后基金管理人公布的基金份额净值为基准进行计算 2."金额申购、份额赎回"原则，申购申报单位为1元人民币，申购金额应当为1元的整数倍；赎回申报单位为1份基金份额，赎回应当为整数份额
	货币市场基金	1.确定价原则。货币市场基金申购、赎回份额价格以1元人民币为基准进行计算。 2.金额申购、份额赎回原则。申购以金额申请，赎回以份额申请
交易场所	通过基金管理人的直销中心与基金销售代理网点进行	
交易时间	周一至周五 9:30—11:30、13:00—15:00（法定节假日除外）	

续表

交易费用	申购费用	申购采用全额缴款方式，有前端收费和后端收费
	赎回费用	赎回费用在扣除手续费后，余额不得低于赎回费总额的25%，并应当归入基金资产。对采用后端收费的投资者持有期低于3年的不得免收赎回费
	销售费用	从基金财产中按一定比例计提
申购份额计算		净申购金额＝申购金额／（1＋申购费率） 申购费用＝净申购金额×申购费率 申购份额＝净申购金额／申购当日基金份额净值
赎回金额计算		赎回金额＝赎回总额－赎回费用 赎回总额＝赎回数量×赎回日基金份额净值 赎回费用＝赎回总额×赎回费率
申购、赎回款项支付		申购全额支付，赎回7日之内支付
申购、赎回登记		T+1日办理登记

（4）对赎回费用归基金资产的规定

目前对于一般的股票基金和混合基金赎回费归基金资产的比例规定如表4-10所示。

表4-10　对于赎回费归基金资产的比例规定

持续持有期少于7日	收取不低于赎回金额1.5%的赎回费，全额计入基金资产
持续持有期少于30日	收取不低于赎回金额0.75%的赎回费，全额计入基金资产
持续持有期少于3个月	收取不低于赎回金额0.5%的赎回费，将不低于赎回费总额的75%计入基金资产
持续持有期长于3个月，少于6个月	收取不低于赎回金额0.5%的赎回费，将不低于赎回费总额的50%计入基金资产
持续持有期长于6个月	将不低于赎回费总额的25%计入基金资产

某投资者在2014年3月2日，申购华商主题精选股票基金20 000元，申购费率1.5%，申购时基金份额净值1.54元，4月现金分红每10份0.5元，8月4日赎回，赎回费率0.5%，赎回时基金份额净值1.34元，请计算下列问题：

拓展知识

1. 该只基金的净申购金额是多少？
2. 该只基金的申购费用是多少？

3. 该只基金申购的份额是多少？

4. 该只基金分红的现金是多少？

5. 该只基金赎回的费用是多少？

6. 该只基金赎回金额是多少？

（5）巨额赎回的认定及处理方式

单个开放日基金净赎回申请超过基金总份额的 10% 时，为巨额赎回。单个开放日的净赎回申请，是指该基金的赎回申请加上基金转换中的该基金的转出申请之和，扣除当日发生的该基金申购申请及基金转换中该基金的转入申请之和后得到的余额。

出现巨额赎回申请时，基金管理人可以根据基金当时的资产组合状况，决定接受全额赎回或部分延期赎回。

1）接受全额赎回。当基金管理人认为有能力兑付投资者的全额赎回申请时，按正常赎回程序执行。

2）部分延期赎回。当基金管理人认为兑付投资者的赎回申请有困难，或者认为兑付投资者的赎回申请进行的资产变现可能使基金份额净值发生较大波动时，基金管理人可以在当日接受赎回比例不低于上一日基金总份额 10% 的前提下，对其余赎回申请延期办理。对单个基金份额持有人的赎回申请，应当按照其申请赎回份额占申请赎回总份额的比例确定该单个基金份额持有人当日办理的赎回份额。未受理部分，除投资者在提交赎回申请时选择将当日未获受理部分予以撤销外，延迟至下一开放日办理。转入下一开放日的赎回申请不享有赎回优先权，并将以下一个开放日的基金份额净值为基准计算赎回金额。以此类推，直到全部赎回为止。

当发生巨额赎回及部分延期赎回时，基金管理人应立即向中国证监会备案，于 3 个工作日内在至少一种中国证监会指定的信息披露媒体公告，并说明有关处理方法。

基金连续 2 个开放日以上发生巨额赎回，如基金管理人认为有必要，可暂停接受赎回申请；已经接受的赎回申请可以延缓支付赎回款项，但不得超过正常支付时间 20 个工作日，并应当在至少一种中国证监会指定的信息披露媒体公告。

3. ETF 份额的上市交易与申购、赎回

（1）ETF 份额折算与变更登记

ETF 的基金合同生效后，基金管理人应逐步调整实际组合直至达到跟踪指数

要求，此过程为 ETF 建仓阶段。ETF 建仓期不超过 3 个月。基金建仓期结束后，为方便投资者跟踪基金份额净值变化，基金管理人通常会以某一选定日期作为基金份额折算日，以标的指数的 1‰（或 1%）作为份额净值，对原来的基金份额进行折算。

ETF 基金份额折算由基金管理人办理，并由登记结算机构进行基金份额的变更登记。

基金份额折算后，基金份额总额与基金份额持有人持有的基金份额将发生调整，但调整后的基金份额持有人持有的基金份额占基金份额总额的比例不发生变化。基金份额折算对基金份额持有人的收益无实质性影响。基金份额折算后，基金份额持有人将按照折算后的基金份额享有权利并承担义务。

ETF 基金份额折算的方法如下。

假设基金管理人确定基金份额折算日（T 日）。T 日收市后，基金管理人计算当日的基金资产净值 X 和基金份额总额 Y。

T 日标的指数收盘值为 1，若以标的指数的 1‰ 作为基金份额净值进行基金份额的折算，则 T 日的目标基金份额净值为 1/1 000，基金份额折算比例的计算公式为：

$$折算比例 = \frac{X/Y}{1/1\,000}$$

以四舍五入的方法保留小数点后 8 位。

$$折算后的份额 = 原持有份额 \times 折算比例$$

（2）ETF 份额的上市交易

ETF 的基金合同生效后，基金管理人可以向证券交易所申请上市，上市后要遵循以下交易规则：

1）上市首日的开盘参考价为前一工作日的基金份额净值。

2）实行价格涨跌幅限制，涨跌幅设置为 10%，从上市首日开始实行。

3）买入申报数量为 100 份及其整数倍，不足 100 份的部分可以卖出。

4）基金申报价格最小变动单位为 0.001 元。

基金管理人在每一交易日开市前需向证券交易所提供当日的申购、赎回清单。证券交易所在开市后根据申购、赎回清单和组合证券内各只证券的实时成交数据，计算并每 15 秒发布一次基金份额参考净值（IOPV），供投资者交易、申购、赎回基金份额时参考。

（3）ETF 份额的申购、赎回

投资者可办理申购、赎回业务的开放日为证券交易所的交易日，开放时间为 9:30—11:30 和 13:00—15:00。在此时间之外不办理基金份额的申购、赎回。

投资者申购、赎回的基金份额须为最小申购、赎回单位的整数倍。一般最小申购、赎回单位为 50 万份或 100 万份。基金管理人有权对其进行更改，并于更改前至少 3 个工作日在至少一种中国证监会指定的信息披露媒体公告。

ETF 份额的申购、赎回应遵循以下原则：

1）申购、赎回 ETF 采用份额申购、份额赎回的方式，即申购和赎回均以份额申请。

2）申购、赎回 ETF 的申购对价、赎回对价包括组合证券、现金替代、现金差额及其他对价。

3）申购、赎回申请提交后不得撤销。

ETF 的基金管理人每日开市前会根据基金资产净值、投资组合及标的指数的成分股股票情况，公布证券申购与赎回清单。投资者可依据清单内容，将成分股股票交付 ETF 的基金管理人以取得"证券申购基数"或其整数倍的 ETF。

对于上证 50 指数 ETF，"申购"是指用一揽子指数成分股股票换取一定数额的 ETF 份额。"赎回"的过程则相反，是指用一定数额的 ETF 份额换取一揽子指数成分股股票。

（4）ETF 申购、赎回清单

1）申购、赎回清单的内容。T 日申购、赎回清单公告内容包括最小申购、赎回单位所对应的组合证券内各成分证券数据、现金替代、T 日预估现金部分、T−1 日现金差额、基金份额净值及其他相关内容。

2）组合证券相关内容。组合证券是指基金标的指数所包含的全部或部分证券。申购、赎回清单将公告最小申购、赎回单位所对应的各成分证券名称、证券代码及数量。

3）现金替代相关内容。现金替代是指申购、赎回过程中，投资者按基金合同和招募说明书的规定，用于替代组合证券中部分证券的一定数量的现金。采用现金替代是为了在相关成分股股票停牌等情况下便利投资者的申购，提高基金运作的效率。基金管理人在制定具体的现金替代方法时遵循公平、公开的原则，以保护基金份额持有人利益为出发点，并进行及时充分的信息披露。现金替代分为三种类型：禁止现金替代、可以现金替代和必须现金替代（见表 4-11）。

表 4-11 ETF 现金替代形式

禁止现金替代	在申购、赎回基金份额时，该成分证券不允许使用现金作为替代
可以现金替代	在申购基金份额时，允许使用现金作为全部或部分该成分证券的替代，但在赎回基金份额时，该成份证券不允许使用现金作为替代。可以现金替代的证券一般是由于停牌等原因导致投资者无法在申购时买入的证券
必须现金替代	在申购、赎回基金份额时，该成分证券必须使用现金作为替代。必须现金替代的证券一般是由于标的指数调整即将被剔除的成分证券。对于必须现金替代的证券，基金管理人将在申购、赎回清单中公告替代的一定数量的现金，即"固定替代金额"

4）预估现金部分相关内容。预估现金部分是指为便于计算基金份额参考净值及申购、赎回，代理证券公司预先冻结申请申购、赎回的投资者的相应资金，由基金管理人计算的现金数额。

5）现金差额相关内容。T 日现金差额在 T+1 日的申购、赎回清单中公告。在投资者申购时，如现金差额为正数，则投资者应根据其申购的基金份额支付相应的现金；如现金差额为负数，则投资者将根据其申购的基金份额获得相应的现金。

4. LOF 份额的上市交易及申购和赎回

（1）LOF 份额的上市条件

LOF 的上市须由基金管理人及基金托管人共同向深圳证券交易所提交上市申请。基金申请在交易所上市应当具备下列条件：

1）基金的募集符合《证券投资基金法》的规定。

2）募集金额不少于 2 亿元人民币。

3）持有人不少于 1 000 人。

4）交易所规定的其他条件。

（2）LOF 份额的交易规则

基金上市首日的开盘参考价为上市首日前一交易日的基金份额净值。基金上市后，投资者可在交易时间内通过交易所各会员单位证券营业部买卖基金份额，以交易系统撮合价成交。

LOF 在交易所的交易规则与封闭式基金基本相同，具体内容如下。

1）买入 LOF 申报数量应为 100 份或其整数倍，申报价格最小变动单位为 0.001 元人民币。

2）深圳证券交易所对 LOF 交易实行价格跌涨幅限制，涨跌幅比例为 10%，自上市首日起执行。

在日常交易中，于 T 日闭市后，中国结算公司深圳分公司根据 LOF 的交易数据，计算每个投资者买卖 LOF 的数量，并于 T 日晚根据清算结果对投资者的证券账户余额进行相应的记增或记减处理，完成 LOF 份额的交收。T 日买入基金份额自 T+1 日起即可在深圳证券交易所卖出或赎回。

（3）LOF 份额的申购和赎回

LOF 份额的场内、场外申购和赎回均采取"金额申购、份额赎回"原则，申购申报单位为 1 元人民币，赎回申报单位为 1 份基金份额。

申购、赎回流程如下。

1）T+3 日，场内投资者以深圳证券账户通过证券经营机构向交易所交易系统申报基金申购、赎回申请；场外投资者以深圳开放式基金账户通过代销机构提交基金申购、赎回申请。

2）T+1 日，中国结算公司根据基金管理人传送的申购、赎回确认数据，进行场内、场外申购、赎回的基金份额登记过户处理。

3）自 T+2 日起，投资者申购份额可用。

（4）LOF 份额的跨系统转托管

跨系统转托管是指基金份额持有人将持有的基金份额在基金注册登记系统和证券登记结算系统之间进行转登记的行为。由于 LOF 份额是分系统登记的，登记在基金注册登记系统中的基金份额只能申请赎回，不能直接在证券交易所卖出；登记在证券登记结算系统中的基金份额只能在证券交易所卖出，不能直接申请赎回。

基金份额持有人拟申请将登记在证券登记结算系统中的基金份额赎回，或拟申请将登记在基金注册登记系统中的基金份额进行上市交易，必须先办理跨系统转托管，即将登记在证券登记结算系统中的基金份额转托管到基金注册登记系统，或将登记在基金注册登记系统中的基金份额转托管到证券登记结算系统。

目前，基金份额的跨系统转托管需要 2 个交易日的时间，即持有人 T 日提交基金份额跨系统转托管申请；如处理成功，T+2 日起，转托管转入的基金份额可赎回或卖出。

5. QDII 基金的申购与赎回

（1）QDII 基金申购和赎回与一般开放式基金申购和赎回的相同点

1）申购和赎回渠道。QDII 基金的申购和赎回渠道与一般开放式基金基本相同，投资者可通过基金管理人的直销中心及代销机构的网点进行 QDII 基金的申购与赎回。基金管理人可根据情况变更或增减代销机构，并予以公告。

2）申购与赎回的开放日及时间。QDII 基金申购和赎回的开放日也为证券交易所的交易日（基金管理人公告暂停申购或赎回时除外），投资者应当在开放日的开放时间办理申购和赎回申请。开放时间为 9:30—11:30 和 13:00—15:00。

申购与赎回的程序、原则、申购份额和赎回金额的确定、巨额赎回的处理办法等都与一般开放式基金类似。

（2）QDII 基金申购和赎回与一般开放式基金申购和赎回的区别

1）币种。一般情况下，QDII 基金申购、赎回的币种为人民币；但基金管理人可以在不违反法律法规规定的情况下，接受其他币种的申购、赎回，并提前公告。

2）拒绝或暂停申购的情形。因为 QDII 基金主要投资于海外市场，所以拒绝或暂停申购的情形与一般开放式基金有所不同，如基金资产规模不可超出中国证监会、国家外汇管理局核准的境外证券投资额度等。

6. 开放式基金份额登记

开放式基金份额登记，是指基金注册登记机构通过设立和维护基金份额持有人名册，确认基金份额持有人持有基金份额的事实的行为。基金份额登记具有确定和变更基金份额持有人及其权利的法律效力，是保障基金份额持有人合法权益的重要环节。

基金份额登记过程如下分述。

T 日，投资者的申购、赎回申请信息通过代销机构网点传送至代销机构总部，由代销机构总部将本代销机构的申购、赎回申请信息汇总后统一传送至注册登记机构。

T+1 日，注册登记机构根据 T 日各代销机构的申购、赎回申请数据及 T 日的基金份额净值统一进行确认处理，并将确认的基金份额登记至投资者的账户，然后将确认后的申购、赎回数据信息下发至各代销机构。各代销机构再下发至各所属网点。同时，注册登记机构也将登记数据发送至基金托管人。至此，注册登记机构完成对基金份额持有人的基金份额登记。如果投资者提交的信息不符合注册登记的有关规定，最后的确认信息将是投资者申购、赎回失败。

基金份额申购、赎回的资金清算是由注册登记机构根据确认的投资者申购、赎回数据信息进行的。按照清算结果，投资者的申购、赎回资金将从投资者的资金账户转移至基金在托管银行开立的银行存款账户或从基金的银行存款账户转移至投资者的资金账户。

由于基金申购、赎回的资金清算依据注册登记机构的确认数据进行，为保护基金投资人的利益，有关法规明确规定，基金管理人应当自收到投资者的申购（认购）、赎回申请之日起 3 个工作日内，对该申购（认购）、赎回申请的有效性进行确认。

目前，我国境内基金申购款一般能在 T+2 日内到达基金的银行存款账户；赎回款一般于 T+3 日内从基金的银行存款账户划出。货币市场基金的赎回资金划付更快一些，一般 T+1 日即可从基金的银行存款账户划出，最快可在划出当天到达投资者资金账户。

从业资格考试训练题

一、单选题（以下备选答案中只有一项最符合题目要求）

1．以下关于我国开放式基金赎回的说法中，不正确的是（　　）。

A．采取未知价法

B．采取份额赎回的方式

C．必须以金额赎回方式进行

D．赎回申请必须在交易所交易日下午 3:00 之前提出

2．一般来说，开放式基金的申购赎回价是以（　　）为基础计算的。

A．基金单位资产净值　　　　　　B．基金市场供求关系

C．基金发行时的面值　　　　　　D．基金发行时的价格

3．无论是封闭式基金还是开放式基金，基金募集都要经历申请、注册、（　　）、合同生效四个步骤。

A．批准　　　　B．发售　　　　C．审查　　　　D．发行

4．封闭式基金份额上市交易，基金份额总额必须达到核准规模的（　　）以上。

A．100%　　　　B．90%　　　　C．80%　　　　D．70%

5．委托买卖封闭式基金的数量为（　　）份或其整数倍。

A．1　　　　B．10　　　　C．100　　　　D．1 000

6．《证券投资基金运作管理办法》规定，开放式基金成立初期，可以在基金合同和招募说明书规定的期限内只接受申购，不办理赎回，但该期限最长不得超过（　　）。

A．1 个月　　　　B．2 个月　　　　C．3 个月　　　　D．6 个月

7. 单个开放日基金赎回申请超过基金总额的（　　　）时，为巨额赎回。

A. 5% 　　　　B. 10% 　　　　C. 15% 　　　　D. 20%

8. 我国基金交易佣金为成交金额的（　　　），不足5元的按5元收取。

A. 0.01% 　　B. 0.05% 　　C. 0.25% 　　D. 0.3%

9. 当基金管理人认为兑付投资者的赎回申请有困难，或认为兑付投资者的赎回申请进行的资产变现可能使基金份额净值发生较大波动时，基金管理人在当日接受赎回比例不低于上一日基金份额（　　　）的前提下，对其余赎回申请延期办理。

A. 11% 　　　B. 10% 　　　C. 9% 　　　D. 8%

10. 投资者申购基金成功后，注册登记机构一般在（　　　）日为投资办理权益的登记手续，投资者在 T+2 日起有权赎回该部分的基金份额。

A. T+1 　　　B. T+2 　　　C. T+3 　　　D. T+5

二、多选题（以下备选答案中有两项或两项以上符合题目要求）

1. 封闭式基金份额上市交易，应符合的条件有（　　　）。

A. 基金份额总额达到核准规模的 80% 以上

B. 基金合同期限为 5 年以上

C. 基金募集金额不低于 2 亿元人民币

D. 基金份额持有人不少于 1 000 人

2. 股票、债券基金的申购、赎回原则有（　　　）。

A. "未知价"原则 　　　　　　　B. "确定价"原则

C. "金额申购、份额赎回"原则　D. "份额申购、金额赎回"原则

3. 货币市场基金的申购、赎回原则有（　　　）。

A. "未知价"原则 　　　　　　　B. "确定价"原则

C. "金额申购、份额赎回"原则　D. "份额申购、金额赎回"原则

4. 出现巨额赎回时，基金管理人可以根据基金当时的资产组合状况决定（　　　）。

A. 接受全额赎回 　　　　　　　B. 拒绝全额赎回

C. 全部延期赎回 　　　　　　　D. 部分延期赎回

5. 关于 ETF 份额认购方式的说法，下列说法正确的有（　　　）。

A. 我国投资者一般可选择场内现金认购、场外现金认购及证券认购等方式认购 ETF 份额

B. 投资者进行场内现金认购时需具有开放式基金账户或沪、深证券账户

C．投资者进行场外现金认购时需具有开放式基金账户或沪、深证券账户

D．投资者进行证券认购时需具有沪、深 A 股账户

6．关于 ETF 的交易规则，正确的有（　　　）。

A．买入申报数量为 100 份或其整数倍

B．申报价格最小变动单位为 0.01 元

C．上市首日无涨跌幅限制

D．上市首日的开盘参考价为前一工作日基金份额净值

7．LOF 在交易所上市申请应当具备下列条件：

A．基金的募集符合《证券投资基金法》的规定

B．募集金额不少于 2 亿元人民币

C．持有人不少于 1 000 人

D．持有人不少于 200 人

8．下列关于 QDII 基金的说法，错误的有（　　　）。

A．QDII 基金主要投资于境外市场

B．基金管理人具备合格境内机构投资者资格即可发售 QDII 基金

C．基金管理人可以根据产品特点确定 QDII 基金份额面值的大小

D．QDII 基金份额通常只能用美元或其他外汇货币为计价货币认购

9．关于买入与卖出封闭式基金份额的申报数量，下列说法正确的有（　　　）。

A．为 100 份或其整数倍

B．为 1 000 份或其整数倍

C．基金单笔最大数量应低于 10 万份

D．基金单笔最大数量应低于 100 万份

10．ETF 现金替代分为（　　　）三种类型。

A．禁止现金替代　　B．可以现金替代　　C．必须现金替代　　D．证券替代

三、判断题（正确的用 A 表示，错误的用 B 表示）

1．在基金募集期内购买基金的行为通常称为基金的申购。（　　　）

2．开放式基金赎回采取金额赎回原则。（　　　）

3．开放式基金巨额赎回未受理部分可延迟至下一个开放日办理，并以申请当日的基金资产净值为依据计算赎回金额。（　　　）

4．开放式基金连续发生巨额赎回，已经接受的赎回申请可以延缓支付赎回款项，但不得超过正常支付时间 20 个工作日。（　　　）

5．通常来说，基金转换的前提条件是该基金必须是开放式的。(　　)

6．ETF 现金替代是指申购、赎回过程中，投资者可以根据约定，用于替代组合证券中部分证券的一定数量的现金。(　　)

7．开放式基金份额的注册登记业务可以由基金管理人办理，也可以委托中国证监会认定的其他机构办理。(　　)

8．债券基金的认购费率不得超过认购金额的 1.5%。(　　)

9．开放式基金的后端收费的认购费率可能为零。(　　)

10．封闭式基金交易中，价格优先是指较高价格买进申报优先于较低价格买进申报，较低价格卖出申报优先于较高价格卖出申报。(　　)

四、问答题

1．基金发行方式有哪些？

2．股票基金、货币市场基金的申购和赎回原则有哪些？

3．开放式基金的申购和赎回价格是怎么确定的？

4．封闭式基金折价率和二级市场的关系是什么？

五、能力训练题

　　李先生，32 岁，在商业银行营业部认购一只开放式基金。请模拟为李先生开立基金账户，并帮助其认购该基金，同时帮助李先生计算基金认购费用，再向其提供该只基金申购与赎回的相关咨询服务。

项目五
基金客户与基金销售管理

学习目标

知识目标

掌握基金客户分类及客户风险偏好确定知识；掌握开放式基金产品设计流程与销售规定。

能力目标

学生能确定客户风险偏好，并能为客户推荐相应的基金产品。

学习任务

任务 1　把握基金产品设计流程与销售规定

任务 2　根据投资者风险偏好推荐相应的基金产品

基金买卖手续费节省有窍门

交易成本是基金投资过程中须重视的问题，许多想要投资基金的投资者发现，基金投资"费用还挺多的"，包括交易过程中的认申购费和赎回费、基金存续期的管理费和托管费等。"买卖基金的手续费差别很大，有没有什么窍门，能使我花最少的钱获得最大的收益？"在基金发行时购买基金的费用称为认购费，基金成立后购买基金的费用称为申购费。同一只基金在发行时认购和出封闭期之后申购，其费率是不一样的，其中认购费率一般为 1% 左右，申购费率则在 1% ~ 1.5%。认购费率相对较低。不过，通过对各大银行的调查发现，凡是推出优惠政策的银行，一般情况下只是针对申购的基金，而认购基金还是会按照原费率进行收取。不同渠道购买基金的费用有所不同。购买基金可以分类为网上购买和柜台购买两种。网上购买是指通过基金代销机构的网上交易系统，如用银行的网银购买开放式基金；柜台购买是指通过基金代销机构的网点购买。网上购买基金由于具有成本低的优势，一般会有不同程度的折扣。同时，通过网上银行购买基金还可以节省大量时间，免了银行排队之苦。红利再投资，免去申购费。为了鼓励投资者继续购买基金，基金公司对红利再投的部分不再收取申购费用，因此投资者用红利买基金不但能节省申购费用，还可以发挥复利效应。基金分红次数越频繁，持有的时间越长，收益的差别就会越明显，做到"花最少的钱，获得最大的收益"。

但是，是否选择红利再投也要看具体情况，在牛市环境下，红利再投比较适合，这样份额多了，就可以有更多的收益。但是在熊市环境下，投资者也可以选择现金分红保留部分现金收益，实现落袋为安。指数基金费用偏低。指数基金不但能分散投资、降低风险，更可大大节省成本，主要包括管理费和基金的交易成本。指数基金的管理费一般较主动式基金的低 0.5% ~ 1%；至于交易成本方面，主要是由于指数基金一般比主动式基金的买卖活动少，因而交易成本较低，可以节省 0.5% ~ 2%。长期持有可选后端收费。后端收费是指选择在基金赎回时才缴纳认 / 申购费用，一方面可增加认 / 申购的份额，另一方面随着持有基金时间的增加，费率也随之降低，并且赎回费也会有相应的优惠。投资者如果看好某只基金，又有长期持有的打算，不妨选择后端收费的模式。以某股票基金为例，当持有期限不到 1 年时，赎回时补交的申购费率为 1.8%；持有期限满 1 年不满 2 年时，申购费率为 1.6%；但持有期超过 2 年后，相应的申购费率只需 1%；如果满 3 年不满 5 年，申购费率为 0.5%；超过 5 年，则申购费全免。

此外，定投的基金也可以考虑选择后端收费。因为基金定投胜在长期投资，与后端收费需长期持有才能凸显优势一样。因此，采取后端收费方式做基金定投，对于投资者交易费用的节省和未来收益的增加有着极其有利的优势。同家基金公司基金转换省小钱。投资者往往会同时拥有好几只基金，在进行换仓操作时，需要先赎回一只，再申购一只，这样来来回回要花掉1.5%甚至2%的成本，时间上也得花上好几天。目前，很多基金公司都提供基金转换业务，即在同一基金公司旗下的不同基金之间进行转换，可享受费率优惠，有些公司甚至不收取费用。《理财周报》记者从银行客服处了解到，转换基金的手续费用低于赎回再购买的费用，所以投资者在换基金时，可以考虑在同一家基金公司的基金间转换，这样既省钱又省时。不过，各家基金公司旗下基金转换的费率并不统一，规定也有所不同，投资者在不同的基金间进行转换时一定要先向基金公司问清楚，再做最适合自己的选择。

（资料来源：http://www.tttz.com/article/fund_article.php?id=112557）

投资基金涉及投资费用的问题，何时购买、通过什么方式购买、何时卖出，是基金投资者需要考虑的问题。投资者不仅要选择适合自己的基金类型，也要选择买卖的时机和渠道。

任务1　把握基金产品设计流程与销售规定

【模拟情境】

每年9月，是各大学新生入学的日子，校内照例是各银行针对大学生开办各类储蓄卡或信用卡的促销大战。具有投资理财意识的张强瞄准了货币基金，他到银行办理了相关手续。开学后他的同学看到他的这一理财办法既灵活，收益比存银行活期更合适，就在网上查找有没有更好的理财方法。结果发现，目前国内投资理财市场上的理财产品各式各样，却少有特别针对大学生的投资理财项目。于是大家在班里召开了一次讨论会。

经过讨论，大家认为大学生投资理财特点如下：一是大学生有一定的投资理财资金及其稳定性方面的基础。绝大多数大学生月经济来源稳定，有足够的资金可供自己合理分配、规划和使用。然而，与此同时大学生具有自身资金有限、资金流动不够稳定及消费灵活性的特点，大学生更加倾向于无风险或小风险的投资，他们看重存款类产品的稳定性，却又不满于银行的有限利率。二是大学生愿意选择资金灵活性较强的理财产品。如今银行现有的投资理财产品要求定存、定额、定取，投资理财的灵活性就成了大学生投资理财需求的必备条件。三是大学生希望能有一个相对较高的利率，从而给他们带来较高的回报，但由于资金有限，而且他们注重投资的安全性，回避投资的风险性，不敢进行股市等高风险投资。

总之，大家认为，目前针对大学生的投资理财产品太少，需要设计一些切合大学生现状及需求的投资理财产品。例如，相对较低的投资门槛，比银行活期存款高的收益，比银行定期存款灵活的存取形式，当然也要考虑大学生在消费时间、消费金额、消费项目上变化大，但大学生一年当中资金的持有情况具有一定的普遍规律，如每学期期初资金较充裕而期末较少，每月月初刚领生活费时手头资金明显多于月末等。

【规则与要求】

（1）以小组为单位，讨论大学生理财特点，派代表在班级上发言，说明大学生理财的必要性。

（2）根据基金管理公司基金产品设计流程，分析大学生的风险偏好，选择与大学生风险收益偏好相适应的金融工具，模拟设计一只适合大学生需求的基金产品。

（3）最后制订一个产品设计草案，包括基金名称、类型、投资目标、认购最低限额、认购 / 申购 / 赎回费率等内容。

【评价标准】

由学生互评、教师点评相结合，评价标准如下。

（1）所设计大学生基金产品方案是否基本符合基金设计流程。

（2）小组代表发言针对性是否强。

【相关知识】

基金产品设计是基金发起人即基金管理公司根据投资者的投资需求和风险偏好，设计具有特定收益和风险组合特点、能满足投资者需求的基金产品的过程。在基金运作中，基金产品设计是一个关键环节，基金产品设计是否适合基金投资者的具体需要，不仅关系到基金管理公司的业务发展，而且在很大程度上决定了基金产品营销的成败。

1. 基金产品的设计

（1）基金产品的设计思路与流程

基金产品设计是一项高度专业化的工作。一般来说，在确定基金产品的设计目标及基金产品的具体设计中，应在现行相关法律法规的约束及基金管理人自身的管理水平下，充分考虑投资者的投资需求和风险承受能力。基金产品设计时应该考虑的因素有以下四点。

1）要围绕投资者的投资需求，考虑投资者的风险偏好，确定目标客户。确定具体的目标客户是基金产品设计的起点，它从根本上决定着基金产品的内部结构。一种或一类基金产品不可能满足所有投资者的需要。一般来说，不同类型的投资者购买基金的动机或目的各不相同。概括起来，投资者购买基金的动机主要有实现资产保值增值、退休养老、子女教育、购买住房及临时性投资需求等。由于不同投资者购买基金的动机各不相同，投资者在购买基金时对基金产品的要求也就不完全相同。例如，以退休养老或子女教育为主要目的的年轻投资者倾向于长期资本增长，以退休养老为主要目的的中老年投资者及以子女教育为主要目的的中年投资者倾向于现期收入。基金产品设计目标要围绕或服务于投资者的投资需求，根据不同投资者的投资动机或目的，设计不同类型的基金产品，以满足不同投资者的投资需求。

基金产品的设计不仅要考虑到投资者的投资需求，还要考虑到投资者的风险承受能力。风险规避型投资者只愿意进行无风险或低风险投资，不愿意从事高风险投资，即使与其预期收益率相比较风险溢价为正的资产组合，也会拒绝对其进行投资。风险中性投资者只按预期收益率来判断是否进行投资，并不关心风险水平的绝对高低。风险爱好型投资者的投资思路与风险规避型投资者相反，只愿意从事高风险投资，在进行投资时十分强调风险报酬，通过增加风险来上调预期收益率。

在基金产品设计中，必须从不同的角度来判断投资者的风险类型及风险承受能力，结合投资者的投资需求，构造与投资者的风险承受能力相适应、能满足投资者的投资需求的投资组合。例如，针对某类具有较强的风险承受能力和长期资本增值目标的投资者，可以设计高风险和高资本增值型基金，如积极成长型股票基金、小公司股票基金和成长型股票基金等；针对风险承受能力较低的投资者，设计风险低和现期收入高的收入型基金，如债券基金、固定收入型基金等。

2）要选择与目标客户风险收益偏好相适应的金融工具及其组合。投资对象多元化是基金产品多元化的重要前提，各类金融工具及其衍生产品的种类越多，基金产品创新的空间就越大。基金市场发达国家目前已经基本能够通过金融工程技术拆解、组合各种金融工具，进而使基金产品的风险收益特征能够满足各类投资者的需要。此外，与金融工具相关联的是金融市场的深度，也就是该类金融工具的规模。即使我们选择了恰当的金融工具，但如果其规模过小，基金分散和控制风险的能力也将受到制约，基金运作的空间会趋窄，投资风险也加大。因此，金融工具的多少和规模是制约基金产品设计的直接因素。

3）要考虑相关法律法规的约束。在我国，根据《证券投资基金运作管理办法》申请募集基金，拟募集的基金应当具备下列条件：①有明确、合法的投资方向；②有明确的基金运作方式；③符合中国证监会关于基金品种的规定；④不与拟任基金管理人已管理的基金雷同；⑤基金合同、招募说明书等法律文件草案符合法律、行政法规和中国证监会的规定；⑥基金名称表明基金的类别和投资特征，不存在损害国家利益、社会公共利益，欺诈、误导投资者，或者其他侵犯他人合法权益的内容；⑦中国证监会根据审慎监管原则规定的其他条件。

4）要考虑基金管理人自身的管理水平。不同的基金管理人有着自己的管理风格和特色，有的擅长管理主动式股票基金，有的擅长管理被动式股票基金，有的擅长管理债券基金，等等。

基金产品的具体设计流程如图5-1所示。

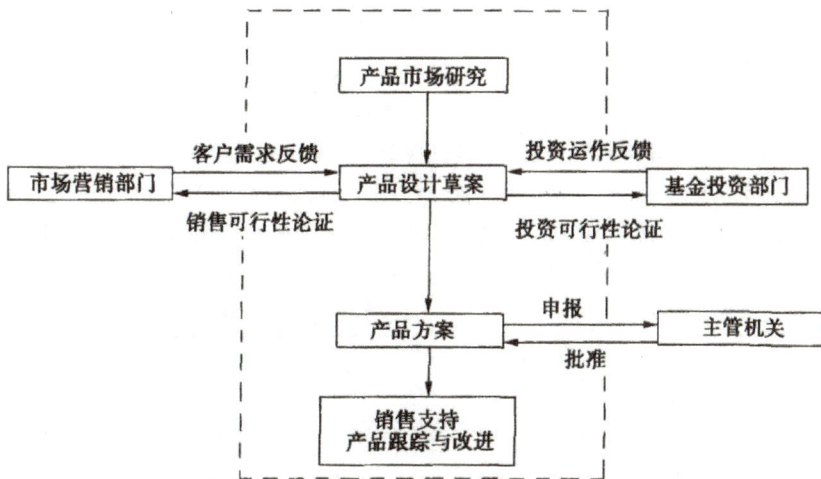

图 5-1　基金产品的具体设计流程

（2）基金产品线的布置

基金产品线是指一家基金管理公司所拥有的不同种类基金产品及其组合。随着基金业的快速发展，基金市场竞争日益激烈，基金产品种类日益增多。在这种情况下，基金管理公司合理安排基金产品线就显得尤为重要。基金产品线分类与特点如表5-1所示。

表5-1　基金产品线分类与特点

理论上的产品线		实践操作中的产品线	
类型	特点	类型	特点
产品线的长度	一家基金管理公司所拥有的基金产品的总数	水平式基金产品线	基金管理公司根据证券市场范围，不断开发新的基金产品，增加基金产品的总数或基金产品的大类，采用这种基金产品线的基金管理公司具有较高的适应性和灵活性，可形成一定的竞争优势。但这种类型的基金产品线要求基金管理公司具有一定的实力，特别是基金产品开发能力和基金管理能力
产品线的宽度	一家基金管理公司所拥有的基金产品的大类有多少。根据基金产品的风险收益特征将基金产品分成股票基金、混合基金、债券基金和货币市场基金四大类	垂直式基金产品线	基金管理公司根据自身的能力优势，在某一个或几个基金产品大类方向上开发出一系列子类基金产品，各子类基金产品既具有明显的差异，又具有各自的特色，各子类基金产品之间在某种程度上具有一定的互补性，形成的系列子类基金产品可以较好地满足在这个方向上具有特定风险收益偏好的投资者的需要
产品线的深度	一家基金管理公司所拥有的基金产品大类中有多少更细化的子类基金。例如，股票基金内部又可以划分为价值型、成长型、平衡型，大盘股、中盘股、小盘股，以及投资风格和股票规模的不同组合，如大盘价值型股票	综合式基金产品线	这种类型的基金产品线是将水平式基金产品线和垂直式基金产品线有机结合起来，即基金管理公司根据自身的能力优势，在更广泛的范围内构建基金产品线，既不断开发新的基金产品，增加基金产品的总数或基金产品的大类，又在某一个或几个基金产品大类方向上开发一系列各具特色的子类基金产品

（3）基金产品定价管理

基金产品定价是指与基金产品本身相关的各项费率的确定，主要包括认购费率、申购费率、赎回费率、管理费率和托管费率等。认购费、申购费和赎回费是基金投资者在"买进"与"卖出"基金环节一次性支出的费用，管理费和托管费是基金运作过程中直接从基金资产中支付的费用。

基金产品定价的首要考虑因素是基金产品的类型。一般来说，从股票基金到混合基金、债券基金和货币市场基金，各项基金费率基本上呈递减趋势，这是由产品本身的风险收益特征决定的。基金产品定价的考虑因素如表 5-2 所示。

表 5-2　基金产品定价的考虑因素

基金产品定价的考虑因素	影　响
基金产品的类型	从股票基金到混合基金、债券基金和货币市场基金，各项基金费率基本上呈递减趋势，这是由产品本身的风险收益特征决定的
市场环境	市场竞争越激烈，为有效获取市场份额，基金费率通常会越低。我国基金业的发展历史也见证了这一点。同时，竞争对手的定价行为也会在一定程度上影响产品费率的确定
客户特性	一般来说，客户规模越大，其与基金管理公司就产品价格问题的谈判能力就越强，通常也能得到更加优惠的费率待遇
渠道特性	直销和代销渠道的基金产品费率是不同的。由于销售成本等方面的差异，通常直销渠道的产品费率更低

2. 基金销售

（1）基金销售机构的主要类型

基金销售机构是指依法办理开放式基金的认购、申购和赎回的基金管理人，以及取得基金供销业务资格的其他机构。目前国内的基金销售机构可分为直销机构和代销机构。直销机构是指直接销售基金的基金公司。开展直销主要是两种形式。一是专门的销售人员直接开发和维护机构客户和高净值个人客户，二是自行开发建立电子商务平台。代销机构是指与基金公司签订基金产品代销协议，代为销售基金产品，赚取销售佣金的商业机构，主要包括商业银行、证券公司、期货公司、保险机构、证券投资咨询机构以及独立基金销售机构。机构代销基金必须向工商注册登记所在的中国证监会派出机构进行注册并取得相应资格。

（2）基金销售理论与销售特殊性

基金销售机构销售基金产品以传统的 4Ps 营销理论为指导，即由于市场需求会受到一些营销因素的影响，企业为获得更多的利润，需要有效地组合这些营销要求来满足市场的需求。这些要素包括产品、价格、渠道、促销，简称 4Ps。证券投资基金属于金融服务行业，其市场营销不同于有形产品营销，以 4Ps 为核心的营销组合策略为产品策略、分销策略、促销策略、人员策略。基金销售的特征及内容如表 5-3 所示。

表 5-3　基金销售的特征及内容

特　　征	内　　容
规范性	基金是面向广大投资者的金融理财产品，为了保护投资者的利益，监管部门从基金销售机构、基金营销人员、基金销售费用、基金销售宣传推介等多个角度制定了基金销售活动的监管规定。基金销售机构、基金营销人员在开展基金销售活动时，必须严格遵守这些规定
服务性	基金是一种金融产品，投资者购买基金时无法体验实物，产品的品质也体现为基金未来的收益和销售人员的持续服务。为克服无形服务本身的困难，销售人员不但要向客户说明基金产品的本质，还必须以高质量的服务、客户的口耳相传、公司的品牌形象宣传等，增强可靠的信誉，扩大客户基础
专业性	基金是投资于股票、债券、货币市场工具等多种金融产品的组合投资工具，客观上要求销售人员广泛了解和掌握股票、债券、货币、保险等各种金融工具，在销售过程中将有关知识以服务的方式传递给投资者。与一般有形产品的销售相比，基金对销售人员的专业水平有更高的要求
持续性	基金销售作为一种理财产品服务，不是一锤子买卖，更需要制度化、规范化的持续性服务。只有优质的、持续性的销售服务才能不断扩大客户群体，扩大基金规模
适用性	基金销售机构在销售基金和相关产品的过程中，应注重根据基金投资人的风险承受能力销售不同风险等级的产品，把合适的产品卖给合适的基金投资人。基金销售适用性体现了从投资人的需要和实际承受能力出发向其销售合适的产品，坚持投资人利益优先的原则，这也是监管机构对基金销售的要求

（3）基金销售方式

我国基金销售市场有直销和代销方式，近年来又出现了基金公司与互联网企业合作进行线上销售、独立基金销售机构线上代销等方式。基金销售的直销和代销在基金产品、销售人员、销售网络、客户关系和销售成本上有明显的特点。基金直销与代销方式的比较如表 5-4 所示。

表 5-4　基金直销与代销方式的比较

内　　容	直　　销	代　　销
基金产品	仅销售一家基金的产品	销售多家基金公司的产品
销售人员	通过基金直属的销售队伍进行基金销售，专业性强	通过其销售队伍进行基金销售，对基金的专业知识、产品特性等方面的掌握程度较直销团队弱
销售网络	通过基金公司的分支机构网点铺开，数量有限，推广效果有限	营业网点数量众多，受众范围广
客户关系	直销方式进行基金销售往往对客户的财务更了解，对客户的控制力较强，更容易发现产品和服务方面的不足	有广泛的客户基础，和客户有全面的业务联系，可以提供多样化的客户服务

内　　容	直　　销	代　　销
销售成本	基金公司承担固定成本，针对特定目标客户可以大幅降低销售成本	有业绩才有佣金，但基金公司对渠道的竞争提高了代销成本

（4）基金销售渠道

目前我国基金销售除了采用传统销售形式和新型的独立基金销售机构线上代销方式以外，基金公司与互联网企业合作进行线上销售的方式取得了很大的成功。基金不同销售渠道优劣势比较如表 5-5 所示。

表 5-5　基金不同销售渠道优劣势比较

渠　　道	优　　势	劣　　势
基金公司直销	重视直销业务，投入大，熟悉自身产品，重视资讯。在购买费率上低于传统代销渠道	受限于政策和运营，只能销售自己的产品，客户购买多家公司产品，需要开立多个账户，不方便管理。由于产品相对单一，较难给予客户全面的资产配置建议
银行代销	对客户来说，银行有安全感和依赖感，有相对全面的基金产品和其他金融产品供选择，网点众多，便于客户交易和咨询	由于基金业务只是银行中间业务的一部分，银行客户经理往往还要负责储蓄、贷款和保险等多种销售业务，因此难以专注于基金销售
证券公司代销	客户在证券公司开立了股票账户可以方便地进行基金投资。网点多，便于客户交易。客户经理水平较高，服务水平高	证券公司经纪业务主要代理客户进行股票投资，在一定程度上缺乏推动股票经纪客户向基金投资者转化的动力
独立第三方销售公司	与国外成熟的体系有一定差距，各类第三方销售机构之间也存在较大差距。销售各种基金产品，打造基金超市，既有定位于线下高净值客户的，也有定位于线上大众网民的	发起人或主要管理人来源多样，对行业的理解和把握能力差别大
新兴的互联网	随着互联网金融的兴起和发展，很多互联网企业进入基金销售领域，如百度、阿里巴巴、腾讯等企业虽不具备基金代销牌照，但可借用网络平台为基金公司带来丰富的客户资源，能在短时期内形成规模效应。得益于互联网思维，投资便利度高、产品投资门槛低、附加功能丰富	由于发展时间短，存在政策、技术等多重风险，且品种多为货币基金，较为单一，在销售专业度上也与传统机构存在一定的差距

任务2　根据投资者风险偏好推荐相应的基金产品

【模拟情境】

张先生，60岁，退休在家。他投资基金的首要目标是保护本金不受损失和保持资产的流动性。他对投资的态度是希望投资收益极度稳定，不愿用高风险来换取收益，不太在意资金是否有较大增值，只愿承担小幅度的本金波动风险。张先生能用于投资的资金在5万元以下。

高女士，30岁，在一家商业银行工作。因个人需要，将资金平均分配投资于高风险高回报和低风险低回报的产品。她也愿意尝试投资于较高风险的股市，期望在长线上追求较高的资本回报，以抗衡通货膨胀，其余投资于风险较低的债券市场。考虑到投资股票有可能亏本，在组合方面，高女士倾向债券投资与股票投资相对均衡。

王女士，28岁，在一家大型医院做护士。王女士专注于投资的长期增值，并愿意为取得较高收益承受较大的风险。在个性上，王女士自信、乐观，知道自己要什么并敢于冒风险去追求，但通常也不会忘记给自己留条后路。

刘先生，35岁，从事房地产推销工作。在投资产品选择上，刘先生主要是以寻求长线增长为主，高度追求资金的增值，愿意接受可能出现的大幅波动，以换取资金高成长的可能性。为了最大限度地获得资金增值，他将大部分资金投入风险较高的品种。目前刘先生并不急需赚取收益，且不需要在短期内兑现资金，看重追求长期资金增值。刘先生非常自信，追求极度的成功，常常不留后路以激励自己向前，不惜冒失败的风险。

【规则与要求】

（1）六人一组，以小组为单位，根据以上四个投资者的情况，分别确定各属于保守型、稳健型、成长型、积极型四种类型的哪一种。针对所售基金特征和投资者的具体风险偏好，策划一个基金产品营销方案。不同类型客户的投资者特征如表5-6所示。

表 5-6　不同类型客户的投资者特征

	保守型	成长型	稳健型	积极型
性格	被动与内向	被动与外向	主动与内向	主动与外向
基本特征	被动、被控制、操纵，内向、保守、封闭，情绪自控性强。既不展示自己，又不试图支配和控制别人	被动、被控制、操纵，外向、热情、开放，情绪自控性弱。既能充分展示自己，又不试图支配和控制别人	主动、控制、操纵，内向、保守、封闭，情绪自控性强。既愿意展示自己，又能控制和支配别人	主动、控制、操纵，外向、热情、开放，情绪自控性差。不愿意展示自己，总是试图控制支配别人
外表感觉	拘谨、保守、冷漠，服饰落伍、不修边幅，面部表情冷落，声音小、慢条斯理，步伐缓慢、按部就班，避免目光接触	随和、热情洋溢，面部表情友善，声音温柔，服饰舒适、时尚，步伐缓慢、从容，漫不经心，办公室色调属于暖色	衣着时尚、有风度，面部表情丰富、有表现力，声音洪亮，步伐快速、有力，办公室陈设奖品和奖章、色调明亮	有条理、整洁，外向，衣着得体，面部表情丰富、自负，声音洪亮，步伐快速、果断、有力，办公室色调明快、陈设整齐
工作表现	有明确工作结构，有组织，善于计划，可靠、拘谨，注重数据、细节，以事为中心，不喜欢冒险和做决定，优柔寡断	有明确工作结构，有组织，善于计划，可靠，注重数据、细节，以事为中心，较喜欢冒险和做决定	忙碌、热情、友好，有个人色彩，有魅力，冲动、健谈，精力充沛，有创造力，急躁，以人为中心，时间观念差	忙碌，有效率，有明确工作结构，独断专行，不可抗拒，公事公办，以事实为取向，时间观念强
惧怕	错误、窘迫	对抗、拒绝、不和、个人批评	不被认同、被人忽视、丧失声望	失败、损失、失去控制
紧张状态	退出、回避，甚至逃跑	屈服、默许	抨击、讥讽、改变主题、愤怒	发号施令、武断、强制、独裁
注重焦点	精确的信息、完善的表达、准确的数据	关系、协调、友谊	认同、赞扬、地位、声誉、形象、重视	成功、结果、成就，能做什么、什么时候做、价值多少
优先考虑	任务及完成的方法与手段	稳定关系的建立	关系的交互作用、得失	任务及完成的效果
希望维持	信用	和谐的关系	身份、地位	成功
衡量个人价值依据	确切性、准确性、活动性	与人相处的能力，关系的深浅	赞赏、重视、赞扬、恭维	效果、成就记录，可预见的进步
获得赞许	正确性、彻底性	随和、忠诚	诙谐、有趣	领导能力、竞争力

续表

	保守型	成长型	稳健型	积极型
令人喜欢	精确	愉快	效率、激情	中肯
发怒缘由	突如其来、无法预料	不敏感、不耐烦	呆板、机械	效能差、犹豫不决
决策	深思熟虑	经过思考	一时冲动	清楚明确
职业	会计、行政管理人员、工程师、软件设计师	人事管理者、用户服务者、护士、宗教人士	管理者、公共关系者、生产经营者	娱乐界人士、广告策划者

（2）以小组为单位，根据所策划的营销方案，向所选的投资者进行销售，要求掌握与该类型投资者打交道的要点（见表5-7），体现相应的营销策略。

表5-7 与不同类型投资者打交道的要点

投资者类型	打交道的要点
保守型	•避免惊讶的表示 •有条理，目标明确 •不要着急或过度热情 •要有逻辑性，小心谨慎，注重信息，培养兴趣和发现需要 •有礼貌，态度平和委婉 •不要批评他们的想法，赞扬他们 •展示所有资料，保证其正确无误 •所有细节都要考虑到，不要怕花时间 •要有耐心，做好重述及多次反复的心理准备，避免他们临阵畏缩
稳健型	•击中要害 •事实充分 •一本正经，有条不紊 •致力于达到客户的目标 •直截了当，不要浪费时间 •壮大声势以使他们注意到你 •不要担心是否同他们建立了关系 •用"什么"来提问，并用"怎么样"来回答问题

续表

投资者类型	打交道的要点
成长型	• 不要吝惜时间 • 询问他们的感受 • 珍惜他们个人的投入 • 给他们以支持和帮助 • 谈论人及与人有关的事情 • 尽可能提供个人担保和保证 • 与他们交朋友，建立长期关系 • 引用别人的例子或见证来降低风险性 • 为他们设计好步骤，使他们决策时容易些
积极型	• 引出他们的看法 • 称赞并恭维他们 • 鼓励他们完全参与 • 让讨论顺其所愿发展 • 对于机会要热情兴奋 • 各方面的安排不要太紧张 • 为他们将偏离主题或出现矛盾做好准备 • 利用视觉和想象来创造一个讨论的环境

（3）教师引导学生按照"准备—建立关系—陈述—处理反对意见—成交"的基金销售步骤，辅助学生完成任务。

【评价标准】

由学生互评、教师点评相结合，评价标准如下。

（1）识别客户类型是否准确（标准见表5-6）。

（2）根据与不同类型投资者打交道的要点，是否体现营销组合设计（标准见表5-7）。

（3）团队成员参与活动的态度好坏与团队合作的效率高低。

【相关知识】

1. 基金投资者的类型及构成现状和发展趋势

（1）基金投资者的类型

投资者分为个人投资者和机构投资者两类。个人投资者是基金投资群体的重要组成部分。基金销售机构根据财富水平对个人投资者加以区分。从财富水平来划分，分为零售投资者、富裕投资者、高净值投资者、超高净值投资者。从投资金额来划分，投资资金低于 5 万元即为零售投资者。从投资专户来说，分为私募产品、基金专户。机构投资者在投资来源、投资目标、投资方向等方面与个人投资者有很大的差别，一般有雄厚的资金实力，在投资决策与资本运作、信息收集分析、投资工具研究、资金运作方式，大类资产配置等方面都配备有专门部门，由证券投资专家进行管理。

投资者进行基金投资时必须开立基金账户，个人投资者和机构投资者都要提供相应的文件，如有效身份证、企业营业执照正本或副本原件及加盖单位公章的复印件。我国相关法律法规规定，办理基金开户要求个人投资者年龄为 18 ~ 70 周岁具有完全民事行为能力的人，而 16 周岁以上不满 18 岁的公民要求提交相关的收入证明才能进行开户。

（2）基金投资者的构成现状和发展趋势

截至 2016 年年底，基金账户总数 94 303.67 万户，其中有效账户数为 26 954.59 万户，较 2015 年年底增加了 8 196.04 万户，增幅 43.7%。2013 年以前，基金有效账户数一直较为稳定，2014 年后开始有显著增长。2015 年和 2016 年，个人有效账户数延续了高增长的趋势，机构有效账户数相对稳定，增幅为 9.0%。开放式证券投资基金投资者有效账户情况如图 5-2 所示。

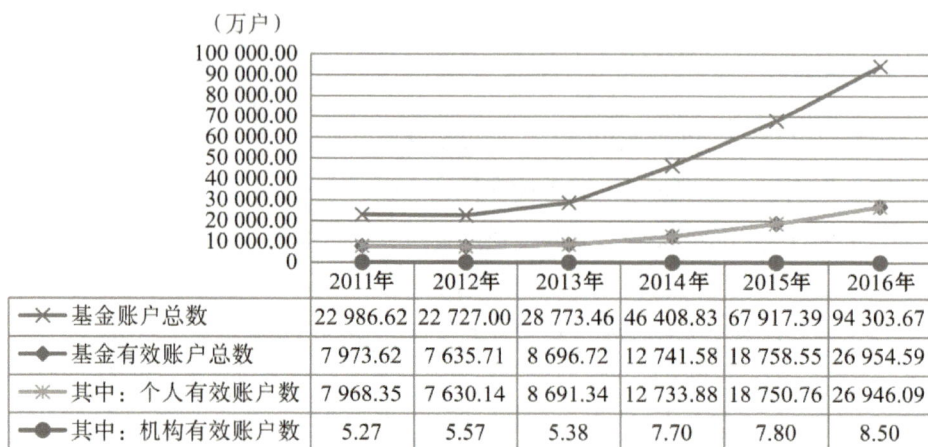

（万户）	2011年	2012年	2013年	2014年	2015年	2016年
基金账户总数	22 986.62	22 727.00	28 773.46	46 408.83	67 917.39	94 303.67
基金有效账户总数	7 973.62	7 635.71	8 696.72	12 741.58	18 758.55	26 954.59
其中：个人有效账户数	7 968.35	7 630.14	8 691.34	12 733.88	18 750.76	26 946.09
其中：机构有效账户数	5.27	5.57	5.38	7.70	7.80	8.50

图 5-2 开放式证券投资基金投资者有效账户情况

（资料来源：中国证券投资基金业协会 2016 年基金年报）

金融资产规模 50 万元以上的投资者比例为 24.3%，金融资产规模低于 50 万元的投资者比例为 75.7%，其中金融资产规模 10 万元以下的投资者比例为

44.0%，比例最高。金融资产规模小于 5 万元的投资者比 2015 年减少 4.3 个百分点，而金融资产规模在 [10 万元,50 万元) 的投资者比例比 2015 年增加 3.5 个百分点。

基金个人投资者金融资产总规模如图 5-3 所示。

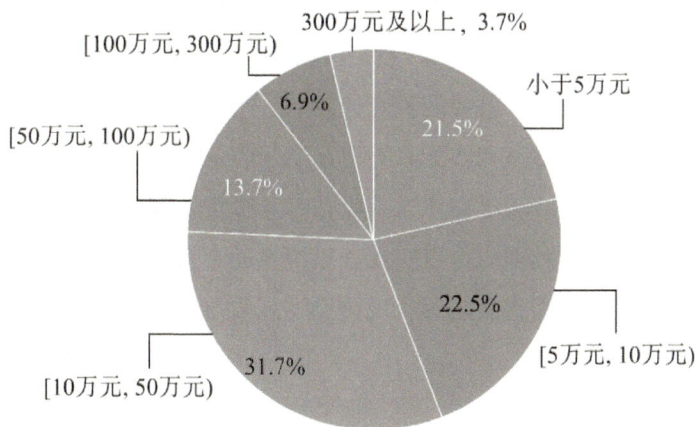

图 5-3　基金个人投资者金融资产总规模

（资料来源：中国证券投资基金业协会 2016 年基金年报）

2. 投资者的需求

受多种因素的影响，每个投资者都有不同的投资需求。对投资者来说，影响投资需求的关键因素主要包括投资期限、收益要求和风险偏好。另外，投资者还受流动性、税收、监管要求等因素而产生一些特别的投资需求。投资者的投资境况和需求会随着时间而变，因此至少每年应对投资者的需求要做一次重新的评估。

（1）投资期限

投资期限是指投资者从购买金融资产到兑现日之间的时间长度。一些投资者可能在短期内就需要赎回自己的投资组合，以获得资金满足某些到期的需求，而一些投资者可能在多年内都没有资金需求。不同机构投资者的投资期限也会有差异。投资期限的长短影响投资者的风险以及对流动性的要求。投资期限越长，则投资者越能够承担更大的风险。对投资期限较长的投资者而言，他有足够的时间来适应新投资境况。如在遇到投资损失时，可以通过提高储蓄率和调整投资组合构成，提高无风险资产在投资组合中所占比重的方法来弥补。历史经验表明，在较长的时间内，市场行情总体向好的概率要大于走低的概率，投资期限较长的投资者更可能获得良好的投资业绩。

（2）收益要求

投资者对于收益要求存在差异。个人投资者会对自己未来某个时点的财富水平有一个最低的要求，这时他就会要求自己的投资收益率超过某一水平。比如，一个人希望在自己退休时有100万元的资产，给定他当前的年龄、资产水平、收入水平、储蓄率及税率，经过计算，投资收益率需要达到8%才能实现这一目标，如果这一收益率无法实现，就要调整其他参数。机构投资者也对收益率有一定要求。收益率存在名义收益率和实际收益率，实际收益率能够反映资产的实际购买能力的增长率，投资者应该更关注这一收益率。投资经理必须确保投资者的收益率要求能够在法律限制范围内得以实现。投资者通常希望在获得高收益的同时承担低风险，但很少有投资产品能够实现这点。高收益伴随高风险，投资经理应当为投资者提供顾问服务。

（3）风险偏好

风险偏好是指主动追求风险，喜欢收益的波动性胜于收益的稳定性的态度。风险偏好型投资者选择资产的原则是：当预期收益相同时，选择风险大的，因为这会给他们带来更大的效益。不同的人由于家庭财力、学识、投资时机、个人投资取向等因素的不同，其投资风险承受能力不同；同一个人也可能在不同的时期、不同的年龄阶段及其他因素的变化而表现出对投资风险承受能力的不同。因此，风险承受能力是个人基金投资当中一个重要的依据。

（4）流动性

流动性是指投资者在短期内以一个合理的价格将投资资产变现的容易程度。个人投资者可能在很多方面需要变现，如生活支出、教育费用支出或医疗支出。变现需求会影响投资机会的选择。某些类型的投资产品不能提前变现，某些类型的投资产品能够随时变现，某些投资产品在变现时会遭受一定的损失。流动性高是指资产能够在较短时间内以合理的价格迅速变现，而不需要支付较高的成本。

对于同类产品，流动性更差的投资产品往往具有更高的预期收益率。如果没有预期的变现需求，投资者可以适当降低流动性要求，以提高投资的预期收益率，但是也必须结合考虑自己的投资情况为非预期的变现需求做出预防性安排。

3. 投资者风险偏好确定

（1）客户经理帮助投资者选择投资基金的思路

首先，让投资者必须认清自己的风险属性。适当地评价自己的风险属性对于做出正确的风险投资决策尤为重要。一般来说，从两个方面来评价个人的风险属性。第一个方面是个人的风险承受能力。许多研究表明,风险承受能力与个人财富、教育程度、年龄、性别、出生顺序、婚姻状况和职业等因素密切相关。个人财富的多少是影响个人风险承受能力的主要因素;投资者的年龄也是在做投资决策时必须重点考虑的因素,风险承受能力通常与年龄成负相关关系,年龄越大,风险承受能力越低。工作(或收入)的稳定性也是决定个人风险承受能力的重要方面。第二个方面是个人的风险偏好问题,也就是个人面对风险的态度问题。

其次,是向投资者清楚地解释各类基金的风险收益属性。基金的常见分类是根据基金的不同风险收益属性来划分的。风险从小到大的顺序一般为货币基金、短债基金、债券基金、股债平衡型基金、股票基金,与此相对应的预期收益也是同一顺序。

最后,帮助客户确定理财目标。理财目标指的是收益率目标或投资期限目标合二为一的目标。理财目标的确定对于投资者做出是否回收投资的决策很重要,可避免投资者在市场波动时无所适从的情形发生。

客户风险偏好与风险承受能力测试

投资有风险,不同风险偏好和承受能力的客户,应选择不同的投资产品或投资组合。以下测试可帮助投资者更好地了解自己的风险偏好和风险承受能力。

拓展知识

(计分:A,1分;B,2分;C,3分;D,4分;E,5分)

(1)您现在的年龄( )。

A. 60岁以上

B. 46～60岁

C. 36～45岁

D. 26～35岁

E. 25岁及以下

(2)您的健康状况( )。

A. 一直都不是很好,要经常吃药和去医院

B. 有点不好,不过目前还没什么大问题,我担心当我老了的时候会变得恶劣

C. 至少现在还行,不过我家里人有病史

D. 还行,没大毛病

E. 非常好

(3)您投资股票、基金或债券的经历( )。

A. 没有

B. 有，少于3年

C. 有，3～5年

D. 有，超过5年

（4）您目前投资的主要目的是（   ）。

A. 确保资产的安全性，同时获得固定收益

B. 希望投资能获得一定的增值，同时获得波动适度的年回报

C. 倾向于长期的成长，较少关心短期的回报和波动

D. 只关心长期的高回报，能够接受短期的资产价值波动

（5）您投资的总额占您个人（或家庭）总资产（含房产等）的（   ）。

A. 低于10%

B. 10%～23%

C. 25%～40%

D. 40%～55%

E. 55%以上

（6）您预期的投资期限是（   ）。

A. 少于1年　B. 1～3年　C. 3～5年　D. 5～10年　E. 10年以上

（7）在您投资60天后，价格下跌20%。假设所有基本面均未改变，您会（   ）。

A. 为避免更大的担忧，全部卖掉再试试其他的

B. 卖掉一部分，其余等等看看

C. 什么也不做，静等收回投资

D. 再买入，它曾是好的投资，现在也是便宜的投资

（8）您有没有想过如果有一天您的财务状况发生很大的变化，比如，突然有一笔很大的开支，这笔开支可能会动用您10%的个人资产甚至更多？（   ）

A. 没想过，我感觉这种大变化不会在我身上发生

B. 经常想，我很担心整个生活都将变得一团糟，可是我又有什么办法呢

C. 想过一两次，感觉挺可怕

D. 曾经想过一两次，但是我还年轻，无所谓

（9）您目前的财务状况（   ）。

A. 不太好，常常要借钱

B. 刚刚好，我要特别小心打理

C. 我做得还行，一直按照我人生的规划在顺利进行

D. 特别好,现在想买什么就买什么

(10)当您退休后,您计划做(　　　)。

A. 节俭地生活,避免把钱花光

B. 继续工作挣钱,因为我的养老金估计不够用

C. 享受人生,周游世界

D. 努力花钱,直到去见上帝之前还要给上帝带上一件最奢侈的礼物

(2)基金投资者风险偏好分类

根据以上选项测试,投资者风险承受力可分为积极型(36~44分)、成长型(26~35分)、稳健型(16~25分)、保守型(10~15分)。

4. 投资者风险偏好与投资理财建议

根据投资者偏好分类,可以看出不同的投资者风险偏好不同,要求的投资收益不同。基金投资者风险偏好类型及投资理财建议如表5-8所示。

表5-8 基金投资者风险偏好类型及投资理财建议

	投资类型分析	投资理财建议
积极型投资者	积极型投资者或者因为财务状况十分乐观,或者因为投资期限较长,导致风险承受能力很强。为了追求最大回报,愿意承受资产价格的短期大幅波动风险,甚至相对长时间的亏损。在承担较高的风险水平下,往往也能够带来较高的收益回报	积极型投资者可以将绝大部分资金投资于股票基金,并且主动涉足一些创新领域。但为了保证投资的收益,需要保证资金的闲置时间,做到长期投资。同时,建议配置一定比例的低风险投资品种,以保证资产的流动性,并降低整体风险水平
成长型投资者	成长型投资者在投资中注重获得丰厚的投资回报,但对风险难以控制的领域敬而远之。这类投资者的投资时间较长,投资品种风险偏高,因此,在投资期限内,最终获得的投资回报也往往较为可观	对于成长型投资者,其投资组合可以较大比例配置股票类资产或股票基金,同时还有小部分比例配置债券基金和现金类金融工具。在资产配置过程中,要注重把控整体的期限结构和风险水平
稳健型投资者	稳健型投资者对风险的关注要大于对收益的关注,希望在较低风险下获取稳健的收益。尽管投资时间较短,但风险较低,投资者的资产可能保持稳步上升的态势	对于稳健型投资者,其投资组合可以均衡配置于股票类资产和债券类资产(或股票基金和债券基金)及混合基金,为了应付紧急的资金使用,还需要配置一定比例的货币市场基金
保守型投资者	保守型投资者是典型的风险厌恶者,注重获得相对确定的投资回报,但不追求高额的回报,且忍受不了短期内的资产大幅波动	建议其投资组合主要配置于风险较小的品种,同时,可以用小部分的资金配置于混合基金和股票基金,以在风险可控的情况下增加投资收益

5. 为家庭挑选基金时的依据

（1）根据风险和收益

不同类型的基金给投资者带来的风险各不相同。其中，股票基金的风险最高，混合基金和债券基金次之，货币市场基金和保本基金的风险最小。

即使同一类型的基金，由于投资风格和投资策略的不同，风险也会不同。例如，在股票基金中，与成长型和增强型的股票基金比起来，平衡型、稳健型、指数型的风险要低些。同时，收益和风险通常有较大的关联度，两者成同方向变化。收益高则风险也高，反之则低。也就是说，要想获得高收益往往要承担高风险。

如果投资者的风险承受力低，宜选择货币市场基金。这类基金可作为储蓄的替代品种，还可获得比储蓄利息高的回报。如果投资者的风险承受力稍弱，可以选择混合基金和债券基金。如果投资者的风险承受力较强，且希望收益更大，可以选择指数基金。如果投资者的风险承受力很强，可以选择偏股型基金。

（2）根据投资者年龄

在不同的年龄阶段，每个投资者的投资目标、所能承受的风险程度和经济能力各有差异。一般来说，年轻人事业处于开拓阶段，有一定的经济能力，没有家庭或子女的负担，或者即使有也较轻，收入大于支出，风险承受能力较高，股票基金或者股票投资比重较高的平衡型基金（偏股型基金）都是不错的选择。中年人家庭生活和收入比较稳定，已经成为开放式基金的投资主力军，但需要承担较重的家庭责任，所能承受的风险不高，投资时应该将投资收益和风险综合起来考虑，宜选择平衡型基金。在分析自己的投资目标、风险承受力、投资经验和经济能力等的基础上，最好选择多样化的投资组合，将风险最大限度地分散化。老年阶段主要依靠养老金及前期投资收益生活，一般很少有额外的收入来源，风险承受能力较小，这一阶段的投资以稳健、安全、保值为目的，通常比较适合部分平衡型基金或债券基金这些安全性较高的产品，也可以选择保本型基金或货币市场基金等低风险基金。

（3）根据婚姻状况

单身投资者往往追求高收益，尤其是对于那些没有家庭负担、经济压力的人来说，他们很愿意承担风险而追求资产快速增值。他们可采取的投资策略：积极型基金投 50%，适度积极型基金投 30%，储蓄替代型基金投 20%。在这种组合中，股票基金的比例占了很大一部分，偏好于积极投资，以达到资本增值的目标。

初建家庭的投资者希望在中等风险水平下获取较高的收益，他们并不拥有较强的资金实力，却有明确的财富增值目标和一定的风险承受力。他们可采取的投资策略：积极型基金投 40%，适度积极型基金投 30%，储蓄替代型基金投 30%。在这种组合中，积极型基金占了较大比例，适度积极型基金次之，同时储蓄型产品也占了一定的比例，保证了资产具有一定的流动性，以应付人口增加、支出增多和资产保值需求。

家庭稳定的投资者追求在中等风险水平下得到可靠的投资回报，期望投资能带来一定的收益，能应付几年后孩子教育的支出。他们可采取的投资策略：积极型基金、适度积极型基金、稳健型基金、储蓄替代型基金分别占 30%、30%、20%、20%。这种组合兼顾资产的中长期保值增值和收益的稳定性及变现性。

（4）根据投资期限

投资时间的长短需要投资者重点考虑，因为它将对投资行为产生直接的影响。投资者必须了解自己手中的闲置资金可以用来进行多长时间的投资。

如果投资期限在 5 年以上，可以选择股票基金这类风险偏高的产品。这样可以防止基金价值短期波动的风险，又可获得长期增值的机会，有较高的预期收益率。保本基金的投资期限也较长，一般为 3 年或 5 年，为投资者提供一定比例的本金回报保证，只要过了期限就能绝对保本，因此也适合长期投资。

如果投资期限在 2 ~ 5 年，除了选择股票基金这类高风险的产品，还可以投资一些收益比较稳定的债券基金或平衡型基金。这是为了保证资金具有一定的流动性。但是，由于申购、赎回环节都要缴纳不菲的手续费，投资前要考虑收入及费用问题。

如果投资期限在 2 年以下，最好选择债券基金和货币市场基金。这是因为这两类基金风险低、收益比较稳定。特别是货币市场基金具备极强的流动性，又因其不收取申购、赎回费用，投资者在需要资金时可以随时将其变现，在手头宽裕时又可以随时申购，是做短期投资的首选。

6. 基金投资方式

基金投资方式有一次性固定投资、定期定额投资和转换投资等。一次性固定投资就是一次性买进某个基金产品，这样的方式简单，但是选择买入时机就显得相当重要。定期定额投资由于平均多次投资的特点，能够有效地分散股市涨跌造成基金净值起伏带来的"选时"风险，但需要投资者长期稳定地投入；转换投资是指投资者将持有同一基金公司的开放式基金份额直接转换成其他开放式基金的基金份额的一种业务模式。

（1）定期定额投资

基金定投即定期定额投资，它是基金投资的一种方式，投资者通过基金销售机构提交申请，约定扣款时间（一般以月为周期）、扣款金额（高于基金公司最低限额即可），销售机构于约定的扣款日，在投资者指定资金账户内自动完成扣款和基金申购。简单地说，就像银行的零存整取，每隔一段固定的时间，以固定金额投资于同一只基金。与"基金定投"相对的是"一次性固定投资"的基金投资方式。

1）定期定额投资的优点。第一，定期投资，积少成多。投资者可能每隔一段时间都会有一些闲散资金，通过定期定额投资计划购买基金进行投资增值可以"聚沙成塔"，在不知不觉中积攒一笔不小的财富。

第二，自动扣款，手续简便。只需去基金代销机构办理一次性的手续，今后每期的扣款申购均自动进行。

第三，平均投资，分散风险。资金是按期投入的，投资的成本比较平均，最大限度地分散了风险。

2）适合定投方式的投资者。第一，领固定薪水的上班族。大部分的上班族薪资所得在扣除日常生活开销后，所剩余的金额往往不多，小额的定期定额投资方式最为适合。而且由于上班族大多无法时常亲自于营业时间内至金融机构办理申购手续，因此设定于指定账户中自动扣款的定期定额投资，对上班族来说是最省时省事的方式。

第二，于未来某一时点有特殊资金需求者。例如，三年后须付购屋首期款，20年后子女出国留学基金，乃至于30年后自己的退休养老基金，等等。在已知未来将有大额资金需求时，提早以定期定额小额投资方式来规划，不但不会造成自己经济上的负担，更能让每月的小钱在未来变成大钱。

第三，不喜欢承担过大投资风险者。由于定期定额投资有投资成本加权平均的优点，能有效降低整体投资的成本，使得价格波动的风险下降，进而提升获利的机会。

拓展知识

定期定额投资与一次性固定投资收益比较

假设市场分为三种情况，即一路上涨、一路下跌和先跌后涨，现在分别以定期定额投资和一次性固定投资两种方式进行投资，具体的收益情况如表5-9所示。

表 5-9　定期定额投资与一次性固定投资比较

市场情况	投资方式	申购份数	平均成本	收　　益	收益率	结　　论
当市场一路上涨，于一次性固定投资，如每期投资额是 1 000 元，一共投入 6 期，基金净值由 1 元 / 份一路上涨至 1.25 元 / 份	定期定额投资	5 364.37 份	1.125 元	705.46 元	11.75%	定期定额投资的回报率低一次性固定投资的回报率高
	一次性固定投资	6 000 份	1.25 元	1 500 元	25%	
当市场一路下跌	定期定额投资的回报率一定比一次性固定投资好					
当市场先跌后涨，每期投资额是 1 000 元，一共投入 11 期，基金净值由 1.25 元 / 份一路下跌至 1 元 / 份再回升至 1.25 元 / 份	定期定额投资	9 728.741 份	1.136 3 元	1 160.92 元	10.55%	定期定额投资的回报率大大高于一次性固定投资
	一次性固定投资 11 000 元	8 800 份	1.25 元	0 元	0%	

（2）转换投资

转换投资是指投资者在持有本公司发行的任一开放式基金后，可将其持有的基金份额直接转换成本公司管理的其他开放式基金的基金份额，而不需要先赎回已持有的基金单位，再申购目标基金的一种业务模式。

1）转换条件。

第一，在同一家销售机构销售的且为同一注册登记人的两只开放式基金。

第二，前端收费模式的开放式基金只能转换到前端收费模式的其他基金，申购费为零的基金默认为前端收费模式。

第三，后端收费模式的基金可以转换到前端或后端收费模式的其他基金。基金转换费用由申购费补差和赎回费补差两部分构成，具体收取情况视每次转换时两只基金的申购费率和赎回费率的差异情况而定。基金转换费用由基金持有人承担。

2）转换费用。

基金赎回费：如果转出基金的赎回费高于转入基金的赎回费，则收取赎回费差；如果转出基金的赎回费不高于转入基金的赎回费，则不收取赎回费差。

申购费补差：对于两只前端收费基金之间的转换，按照转出金额分别计算转换申请日的转出基金和转入基金的申购费，由申购费低的基金转到申购费高的基金时,收取申购费差价;由申购费高的基金转到申购费率低的基金时,不收取差价。

3)转换技巧。

如果投资者已经有一定的市场经验,可以在市场低迷的时候投资货币市场基金,在行情有起色的时候再把货币市场基金转换成相应的股票基金。基金转换时,投资者只需支付较低的转换费,不必支付较高的赎回和申购费。一般设定的转换费率是1‰(非货币基金的相互转换),即1 000元的资产支付1元的转换费,而与此相对的赎回和申购费率分别是5‰和1.5%,也就是1 000元的资产需要支付20元的赎回和申购费,这个费用是转换费的20倍。

拓展知识

如何选择适合自己的基金产品

(1)基金管理公司。基金管理公司是否值得信赖,是否拥有丰富的基金产品供投资者做备选,是否具有相当的运作经验和良好的管理能力。

(2)基金是否适合个人需要,基金的投资目标、投资对象、风险水平是否与个人目标相符。比如,投资目标,每个人因年龄、收入、家庭状况的不同而具有不同的投资目标。一般而言,年轻人适合选择风险高一些的基金,而即将退休的人适合选择风险较低的基金。可承受的风险,一般来说,高风险投资的回报潜力也较高。然而,如果投资者对市场的短期波动较为敏感,便应该考虑投资一些风险较低及价格较为稳定的基金。假使投资者的投资取向较为进取,并不介意市场的短期波动,同时希望赚取较高回报,那么一些较高风险的基金或许符合投资者的需要。

(3)基金经理。基金经理的投资理念、投资风格等与基金的业绩表现息息相关,投资者应尽可能详细了解基金经理的投资经历、过往业绩水平和投资思想等多方面的信息。

(4)在其他条件相当的情况下,投资者还可以关注一下基金的费用水平是否适当,如果能够有机会降低投资成本当然更好。

(5)了解自己的个性,分析个人的投资属性(风险承受度)。与其谈基金好不好,倒不如说适不适合自己更重要。如果愿意也能够承担较大的短期波动风险,可考虑投资股票基金;如果风险承受度属于中等,高收益债券基金、保本基金是不错的选择;若只能够忍受非常小的损失风险,债券基金是不错的选择。

从业资格考试训练题

一、单选题（以下备选答案中只有一项最符合题目要求）

1．基金产品设计的起点在于（　　）。

　　A．确定基金风格　　　　　　　　　B．选择适当的产品组合

　　C．考虑相关法律法规的约束　　　　D．确定目标客户

2．下列不属于基金市场营销特殊性的是（　　）。

　　A．专业性　　　　B．一次性　　　　C．服务性　　　　D．持续性

3．投资基金市场营销的（　　）要求基金销售机构、基金监管人员在开展基金营销活动时，必须严格遵守基金营销活动的监管规定。

　　A．服务性　　　　B．使用性　　　　C．专业性　　　　D．规范性

4．一家基金管理公司所拥有的基金产品的总数为基金产品线的（　　）。

　　A．长度　　　　B．宽度　　　　C．深度　　　　D．坡度

5．一家基金管理公司所拥有的基金产品的大类有多少指基金产品线的（　　）。

　　A．长度　　　　B．宽度　　　　C．深度　　　　D．坡度

6．认购费、申购费和赎回费是基金投资者在"买进"与"卖出"基金环节（　　）支出的费用。

　　A．一次性　　　　B．多次性　　　　C．两次　　　　D．三次

7．管理费和托管费是基金运作过程中直接从（　　）中支付的费用。

　　A．托管人资产　　B．管理人资产　　C．投资者资产　　D．基金资产

8．办理基金开户要求个人投资者年龄为（　　）周岁具有完全民事行为能力人。

　　A．16～18　　　　B．18～60　　　　C．18～70　　　　D．16～70

9．机构代销基金必须向工商注册登记所在的（　　）派出机构进行注册并取得相应资格。

　　A．中国证监会　　B．中国人民银行　　C．中国银监会　　D．外汇管理局

10．下列不是定期定额优点的是（　　）。

　　A．定期投资，积少成多　　　　　　B．自动扣款，手续简便

　　C．平均投资，分散风险　　　　　　D．收益确定

二、多选题（以下备选答案中有两项或两项以上符合题目要求）

1．下列属于投资者为家庭挑选基金时的依据的是（　　）。

　　A．根据风险和收益　　　　　　　　B．根据投资者年龄

    C．根据婚姻状况　　　　　　　　D．根据投资期限

2．适合定投方式的投资者是（　　）。

    A．领固定薪水的上班族　　　　　B．愿意承担高风险，期望高收益者

    C．于未来某一时点有特殊资金需求者　D．不喜欢承担过大投资风险者

3．客户经理帮助投资者选择投资基金的思路是（　　）。

    A．让投资者必须认清自己的风险属性

    B．让投资者确定期望的收益率

    C．向投资者清楚地解释各类基金的风险收益属性

    D．帮助客户确定理财目标

4．常见的基金产品线类型有（　　）。

    A．水平式　　　　　B．垂直式　　　　　C．综合式　　　　　D．树式

5．目前国内的基金销售机构可分为（　　）。

    A．直销机构　　　　B．代销机构　　　　C．证券公司　　　　D．商业银行

6．直销机构开展直销主要是（　　）两种形式。

    A．找商业银行开发建立电子商务平台

    B．专门的销售人员开发低净值的个人客户

    C．专门的销售人员直接开发和维护机构客户及高净值个人客户

    D．自行开发建立电子商务平台

7．以 4Ps 为核心的营销组合策略为（　　）。

    A．产品策略　　　　B．促销策略　　　　C．分销策略　　　　D．人员策略

8．受多种因素的影响，每个投资者都具有不同的投资需求。对投资者来说，影响投资需求的关键因素主要包括（　　）。

    A．投资期限　　　　B．收益要求　　　　C．基金价格　　　　D．风险偏好

9．基金投资方式有（　　）。

    A．一次性固定投资　B．定期定额投资　　C．转换投资　　　　D．多次投资

10．基金转换的条件是（　　）。

    A．在同一家销售机构销售的且为同一注册登记人的两只开放式基金

    B．前端收费模式的开放式基金只能转换到前端收费模式的其他基金，申购费为零的基金默认为前端收费模式

    C．前端收费模式的基金可以转换到前端或后端收费模式的其他基金

    D．后端收费模式的基金可以转换到前端或后端收费模式的其他基金

三、判断题（正确的用 A 表示，错误的用 B 表示）

1. 以退休养老为主要目的的中老年投资者及以子女教育为主要目的的中年投资者倾向于现期收入，以退休养老或子女教育为主要目的的年轻投资者倾向中短期资本增长。（　　）

2. 风险中性投资者愿意从事高风险投资，在进行投资时十分强调风险报酬，通过增加风险来上调预期收益率。（　　）

3. 金融工具的多少和规模是制约基金产品设计的直接因素。（　　）

4. 基金产品定价的首要考虑因素是基金产品的类型。一般来说，从股票基金到混合基金、债券基金和货币市场基金，各项基金费率基本上呈递减趋势，这是由产品本身的风险收益特征决定的。（　　）

5. 基金销售机构根据财富水平对个人投资加以区分。从财富水平来划分，分为零售投资者、富裕投资者、高净值投资者、超高净值投资者。从投资金额来划分，投资资金低于 8 万元即为零售投资者。（　　）

6. 投资者的年龄也是在做投资决策时必须重点考虑的因素，风险承受能力通常与年龄成正相关关系，年龄越大，收入越稳定，风险承受能力越高。（　　）

7. 认购费、申购费和赎回费是基金投资者在"买进"与"卖出"基金环节一次性支出的费用。（　　）

8. 管理费和托管费是基金运作过程中直接从管理人资产中支付的费用。（　　）

9. 一家基金管理公司所拥有的基金产品的总数为基金产品线的宽度。（　　）

10. 一家基金管理公司所拥有的基金产品的大类有多少指基金产品线的长度。（　　）

四、问答题

1. 基金发起人在设计基金产品时应考虑哪些因素？
2. 基金投资者在确定投资需求时要考虑哪些因素？
3. 基金定期定额投资的优点是什么？

五、能力训练题

　　请根据投资者投资需求和风险偏好的确定、投资基金时应该考虑的因素和投资方式，参考表 5-10 的基金投资比例，为投资者做一个开放式基金投资理财方案。注意以下三方面：首先，无论哪类投资者，按照理财规律，都要选择以某一类基金为主，同时还应有其他类的基金。其次，保本或货币型基金都应该占一定的比例，以减少财务风险。最后，在投资方式上，还要注意应用定投基金、转换基金或其他方式。

表 5-10　不同风险偏好的个人投资者投资基金的参考比例

风险偏好	高风险产品比例	中等风险产品比例	低风险产品比例
基金类型	股票基金 偏股型混合基金	偏债型混合基金 债券基金 保本基金	货币市场基金
积极型投资者	70%	20%	10%
成长型投资者	60%	20%	20%
稳健型投资者	40%	40%	20%
保守型投资者	10%	40%	50%

项目六
把握证券投资基金的运作

基金公司内部的运作流程

基金公司所募集的几十亿元甚至上百亿元的资金怎样运作？大多数新基民在购买基金时并不十分关心，"我们只管买，怎么操作是他们基金公司的事"。

那么，基金运作是否只是基金公司的事呢？其实不然，基金公司的运作流程直接反映了基金的选股特点和收益特点，体现了一只基金对待风险的态度和风险防范能力，这直接关系到新基民的利益。

首先，基金公司设有一个投资决策委员会，是基金运作的最高权力机构。它在基金运作时会制定整体投资战略。同时，基金公司设置一个叫作"研究发展部"的部门，根据一些机构的研究成果，构建股票备选库，对拟投资对象进行持续跟踪调研，并向基金经理提供个股、债券投资决策支持。

其次，基金经理根据投资决策委员会的投资战略，在研究发展部研究报告支持下，结合对证券市场、上市公司、投资时机的分析，拟订所管理基金的具体投资计划，包括资产配置、行业配置、重仓个股投资方案等。

基金经理的运作空间有多大呢？基金经理是一个基金的具体管理者，对基金投资行为负直接责任，他的权利大小直接关系到基金的风险和收益状况。比如，某基金除了遵行公司投资理念，在投资决策委员会和公司主管领导的授权范围内进行投资决策外，基金经理还会根据基金契约规定向研究发展部提出研究需求。公司研究发展部根据基金契约和相关规定，确定 500 多只股票构成一级股票库，在此基础上，根据股票风险收益特征，确定约 200 只股票构成二级股票库。对这些股票，研究人员将对其跟踪，对准备投资的个股，还须安排基金经理走访上市公司，进一步调研，对股票基本面进行深入了解分析。基金经理构建投资组合后，在其授权范围内可自主决策，否则，要上报部门负责人和投资决策委员会批准后，再向中央交易室交易员下达交易指令。

投资者汇集起来的几十亿元甚至上百亿元资金，就这样通过中央交易室流向股市或者债市。新基金一般有 3 个月的建仓期，基金建仓完毕，标志着基金在一定时间内保持相对稳定的资产配置。

建仓完毕后，基金公司内部是不是就没事了，是不是就等着股市、债市的上涨呢？不是的，接下来还有许多工作要做。金融工程研究人员将定期对基金进行绩效评估，并向投资决策委员会、投资部负责人提交综合评估意见和改进方案。中央交易室会将有关信息反馈给基金经理。

另一个相对独立的部门叫"风险控制委员会"，这是一个必不可少的部门。

它的工作是对识别、防范、控制基金运作各个环节的风险全面负责，尤其重点关注基金投资组合的风险状况，而金融工程小组重点控制基金投资组合的市场风险和流动性风险。

一只基金被关注不仅因为它的收益状况，还因为它的抗风险能力，这些都将在基金运作过程中显现出来。

（资料来源：http://news2.jrj.com.cn/book/TextBookDetail/12935.htm）

基金的表现与基金的运作有直接密切的关系，基金的投资收益不仅取决于证券市场行情变化情况，也取决于基金的投资目标、投资原则、投资策略等因素。

任务1　基金投资运作

【模拟情境】

模拟注册成立一家基金管理公司，设置投资决策委员会、基金研究发展部、投资部、风险控制委员会等机构，任选一家基金管理公司旗下的一只基金产品，模拟其投资运作流程。

【规则与要求】

（1）以小组为单位，按照我国基金管理公司一般的投资运作程序：研究发展部做出研究报告——投资决策委员会决定基金的总体投资计划——投资部制定投资组合的具体方案——风险控制委员会提出风险控制建议，模拟一只股票基金的投资运作程序。

（2）分成四个小组，分别模拟研究发展部、投资决策委员会、投资部和风险控制委员会，团队合作做出各自部门的工作职责及具体的基金投资运作规定。

（3）召开基金投资运作协调会、小组选派成员分别论述自己部门所承担的工作任务。

【评价标准】

由学生互评、教师点评相结合，评价标准如下。

（1）基金管理公司的设立是否符合相关法规，公司机构设置是否完备，职责是否明确。

（2）基金投资运作是否合规、得当。

（3）团队成员参与活动的态度好坏与团队合作的效率高低。

【相关知识】

基金管理人是根据基金法规及基金契约或基金章程的规定，凭借专门的管理团队及其知识与经验，按照组合投资、分散风险的原理，科学、合理地运用和管理基金资产，实现基金资产不断增值，并使基金份额持有人获取尽可能多收益的机构。它不仅负责基金的投资管理，而且承担着产品设计、基金营销、基金注册登记、基金估值、会计核算及客户服务等多方面的职责。在我国，《证券投资基金法》规定，基金管理人只能由依法设立的基金管理公司担任。

1. 基金管理公司结构

我国《公司法》规定，基金公司的法人治理结构必须有股东大会、董事会、监事会和总经理为首的经营组织，另外还特别设立了投资决策委员会和风险控制委员会。

有效的机构设置是实现有效管理的基础。图 6-1 是基金管理公司典型的机构设置图。

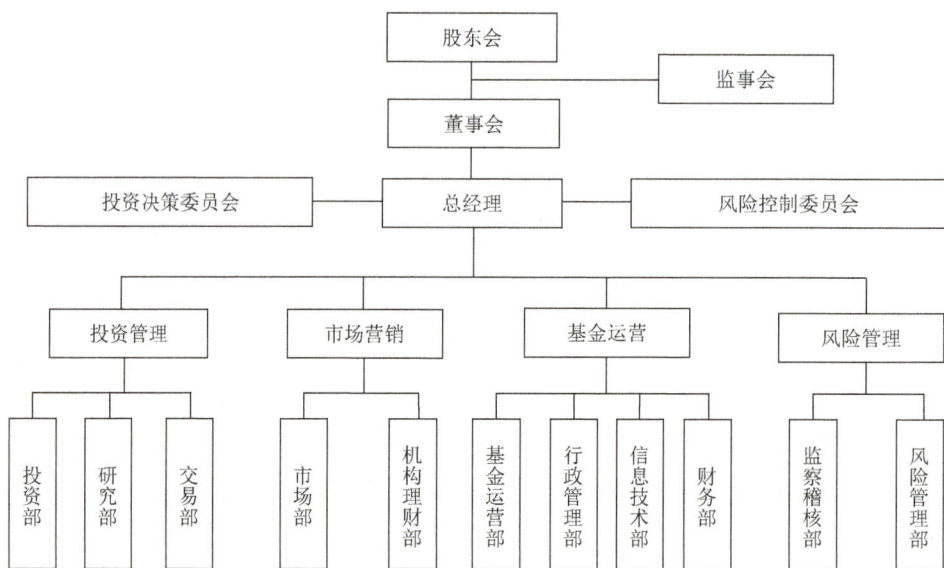

图 6-1 基金管理公司典型的机构设置图

（1）专业委员会

1）投资决策委员会。投资决策委员会是基金管理公司管理基金投资的最高决策机构，是非常设议事机构，在遵守国家有关法律法规、条例的前提下，拥有对所管理基金的投资事务的最高决策权。投资决策委员会一般由基金管理公司的总经理、分管投资的副总经理、投资总监、研究部经理、投资部经理及其他相关人员组成，负责决定公司所管理基金的投资计划、投资策略、投资原则、投资目标、资产分配及投资组合的总体计划等。具体的投资细节则由各基金经理自行掌握。

投资决策委员会的主要职责一般包括：

① 制定公司投资管理相关制度，包括投资决策、交易、研究、投资表现评估等方面的管理制度。

② 根据公司投资管理制度和基金合同，确定基金投资的基本方针、原则、策略及投资限制。

③ 审定基金资产配置比例或比例范围，包括资产类别比例和行业或板块投资比例。

④ 确定基金经理可以自主决定投资的权限。

⑤ 审批基金经理提出的投资额超过自主投资额度的投资项目。

⑥ 定期审议基金经理的投资报告，考核基金经理的工作绩效等。

2）风险控制委员会。风险控制委员会是非常设议事机构，一般由副总经理、监察稽核部经理及其他相关人员组成。其主要工作是制定和监督执行风险控制政策，根据市场变化对基金的投资组合进行风险评估，并提出风险控制建议。风险控制委员会的工作对基金财产的安全提供了较好的保障。

（2）投资管理部门

基金公司投资管理部门的职能如表 6-1 所示。

表 6-1　基金公司投资管理部门的职能

部门	工作职责
投资部	投资部负责根据投资决策委员会制定的投资原则和计划进行股票选择和组合管理，向交易部下达投资指令。同时，投资部还担负投资计划反馈的职能，及时向投资决策委员会提供市场动态信息
研究部	研究部是基金投资运作的支撑部门，主要从事宏观经济分析、行业发展状况分析和上市公司投资价值分析。研究部的主要职责是通过对宏观经济、行业状况、市场行情和上市公司价值变化的详细分析和研究，向基金投资决策部门提供研究报告及投资计划建议，为投资提供决策依据
交易部	交易部是基金投资运作的具体执行部门，负责组织、制订和执行交易计划。交易部的主要职能有：执行投资部的交易指令，记录并保存每日投资交易情况，保持与各证券交易商的联系并控制相应的交易额度，负责基金交易席位的安排、交易量管理等。目前，有些公司出于更好控制风险的需要，已将该部门划归基金运营体系，从而加强了对投研部门的制衡

（3）风险管理部门

基金公司风险管理部门的职能如表 6-2 所示。

表 6-2　基金公司风险管理部门的职能

部　门	工作职责
监察 稽核部	监察稽核部负责监督检查基金和公司运作的合法、合规情况及公司内部风险控制情况，定期向董事会提交分析报告。主要工作包括：基金管理稽核，财务管理稽核，业务稽核，定期或不定期执行、协调公司对外信息披露等工作
风险 管理部	风险管理部负责对公司运营过程中产生的或潜在的风险进行有效管理。主要工作是对公司高级管理层负责，对基金投资、研究、交易、基金业务管理、基金营销、基金会计、IT 系统、人力资源、财务管理等各业务部门及运作流程中的各项环节进行监控，提供有关风险评估、测算、日常风险点检查、风险控制措施等方面的报告及针对性的建议

（4）市场营销部门

基金公司市场营销部门的职能如表 6-3 所示。

表 6-3　基金公司市场营销部门的职能

部　门	工作职责
市场部	市场部负责基金产品的设计、募集和客户服务及持续营销等工作。市场部的主要职能：根据基金市场的现状和未来发展趋势及基金公司内部状况设计基金产品，并完成相应的法律文件；负责基金营销工作，包括策划、推广、组织、实施等；对客户提出的申购、赎回要求提供服务，负责公司的形象设计及公共关系的建立、往来与联系等
机构理财部	机构理财部是基金管理公司为适应业务向受托资产管理方向发展的需要而设立的独立部门，它专门服务于提供该类型资金的机构。之所以单独设立该部门也是相关法律法规的要求，即为了更好地处理共同基金与受托资产管理业务间的利益冲突问题。两块业务必须在组织上、业务上进行适当隔离

（5）基金运营部门

基金运营部负责基金的注册与过户登记和基金会计与结算，其工作职责包括基金清算和基金会计两部分。

（6）后台支持部门

后台支持部门主要是行政管理部、信息技术部和财务部。其中信息技术部负责基金管理公司业务和管理发展所需要的计算机软、硬件的支持，确保各信息技术系统软件业务功能运转正常。

2. 基金投资运作

基金投资运作是基金管理公司的核心业务，基金管理公司一般的投资运作程序如表 6-4 所示。

表 6-4 基金管理公司一般的投资运作程序

部门工作任务	投资运作程序
研究发展部做出研究报告	研究发展部负责向投资决策委员会和其他投资部门提供研究报告。研究报告通常包括宏观经济分析报告、行业分析报告、上市公司分析报告和证券市场行情报告等。通常，研究发展部负责建立并维护股票池
投资决策委员会决定基金的总体投资计划	投资决策委员会在认真分析研究发展部提供的研究报告及其投资建议的基础上，根据现行法律法规和基金合同的有关规定，决定基金的总体投资计划
投资部制定投资组合的具体方案	在投资决策委员会制订的总体投资计划的基础上，投资部在研究发展部研究报告的支持下，构建投资组合方案，对方案进行风险收益分析，并在投资执行过程中将有关投资实施情况和风险评估报告反馈给投资决策委员会。投资部在制定具体方案时要接受风险控制委员会的风险控制建议和监察稽核部门的监察、稽核
风险控制委员会提出风险控制建议	证券市场由于受到政治、经济、投资心理及交易制度等各种因素的影响，导致基金投资面临较大的风险。为降低投资风险，风险控制委员会通过监控投资决策实施和执行的整个过程，并根据市场价格水平及公司的风险控制政策，提出风险控制建议

（1）投资研究

投资研究是基金管理公司进行实际投资的基础和前提，基金实际投资绩效在很大程度上决定于投资研究的水平。在一般情况下，多数基金管理公司的研究工作均需要依靠大量的外部研究报告（主要来源于证券公司），其主要原因在于证券公司与基金管理公司各自的资源优势不同，基金管理公司自身的研究重点在于以实际投资为导向的上市公司投资价值判断。内部和外部研究力量的交流和配合主要通过基金管理公司研究员定期或不定期与证券公司分析员电话和实地交流、共同调研、参加会议等方式进行。基金公司研究部的研究内容如表 6-5 所示。

表 6-5 基金公司研究部的研究内容

研究范围	主要内容
宏观与策略研究	主要是针对国家宏观经济状况及市场的研究，提出资产配置建议
行业研究	主要是对各个行业的发展环境进行评估，提出行业资产配置建议
个股研究	个股投资价值判断是基金管理公司股票投资的落脚点，基金经理主要在个股投资价值报告的基础上决定实际的投资行为

续表

研究范围	主要内容
债券研究	主要侧重于债券久期的判断和券种的选择。研究员通过对宏观及利率走势的判断及对长短期债券、不同信用等级债券利差的判断，决定债券的久期策略，然后再依券种的信用程度、流动性等指标及一级和二级市场供需情况等提出分析报告

（2）投资决策流程

我国基金管理公司大多在内部设有投资决策委员会，负责指导基金资产的运作，确定基金投资策略和投资组合的原则。

1）投资决策制定。投资决策制定通常包括投资决策的依据、决策的方式和程序、投资决策委员会的权限和责任等内容。在决策的制定过程中涉及研究发展部、投资部、投资决策委员会和风险控制委员会等部门（见图6-2）。

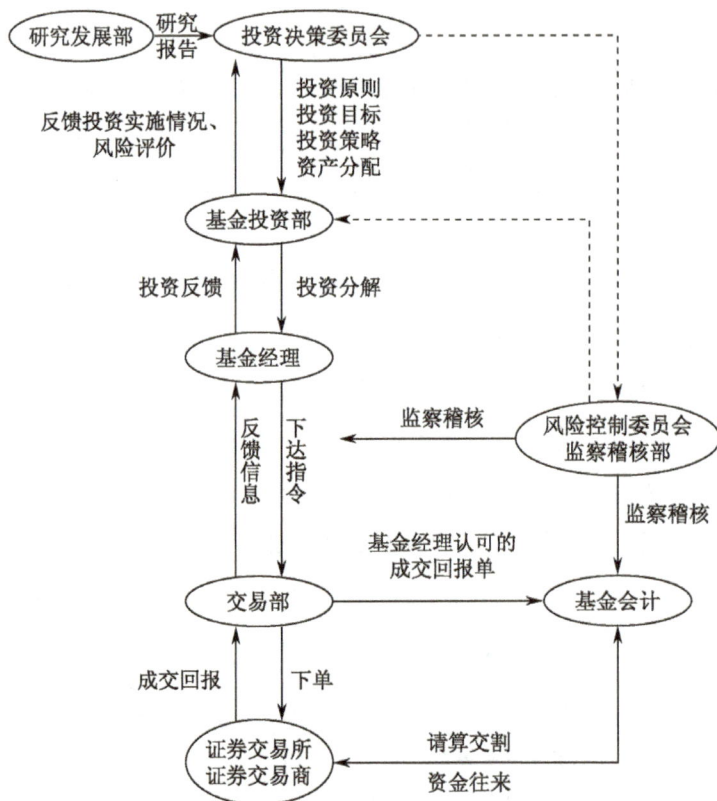

图6-2 基金管理公司投资决策流程

2）投资决策实施。基金管理公司在确定了投资决策后，就要进入决策的实施阶段。具体来讲，就是由基金经理根据投资决策中规定的投资对象、投资结构和持仓比例等，在市场上选择合适的股票、债券和其他有价证券来构建投资组合。

（3）投资交易

交易是实现基金经理投资指令的最后环节。基金经理根据投资组合向交易员发出交易指令，这种交易指令具体包括买入（卖出）何种有价证券、买入（卖出）的时间和数量、买入（卖出）的价格控制等。交易员接受交易指令后，应当寻找合适的机会，以尽可能低的价位买入需要买入的股票或债券，以尽可能高的价位卖出应当卖出的股票或债券，此外还必须及时向基金经理汇报实际交易情况和市场动向。按规定，基金经理不得直接向交易员下达投资指令或者直接进行交易。投资指令应经风险控制部门审核，确认其合法、合规与完整后方可执行。

（4）投资风险控制

为了提高基金投资的质量，防范和降低投资的管理风险，切实保障基金投资者的利益，国内外的基金管理公司和基金组织都建立了一套完整的风险控制机制和风险管理制度，并在基金合同和招募说明书中予以明确规定。

公募基金：盈利能力诱人的行业

拓展知识

在 2016 年上半年的弱势行情中，基金公司整体业绩较 2015 年同期有所下滑，而净利润下滑幅度又明显超过营业收入。对于主要依靠管理费收入的基金公司来说，其营业收入与净利润情况与资产管理规模紧密相关，因此利润绝对数额突出的基金公司基本是资产管理规模较大的公司。

随着上市公司半年报披露结束，其参股的公募基金公司经营情况陆续浮出水面。从纳入统计的 40 家基金公司情况看，在纳入统计的 40 家基金公司中，绝大多数公司 2016 年上半年均实现盈利，仅有两家小基金公司上半年小额亏损。在其余 38 家基金公司中，易方达基金以 7.69 亿元的净利润排在首位，华夏基金以 6.97 亿元紧随其后，天弘基金的净利润也超过 5 亿元，以 5.85 亿元的净利润排名第三。其余如博时基金、广发基金、富国基金、汇添富基金、兴业全球基金、招商基金、南方基金等公司的净利润均超过 3 亿元。

从净利润率指标看，公募基金依然属于盈利能力诱人的行业，基金公司上半年平均净利润率超过 25%，鑫元基金和兴业全球基金净利率最高，分别达到 49.5% 和 45.63%，国海富兰克林、申万菱信、博时基金、易方达基金等多家公司净利率超过 35%。

（资料来源：《中国证券报》，2016 年 9 月 2 日）

任务2　基金资产估值

【模拟情境】

基金公司可自主调整双汇发展估值

2011年3月15日，双汇发展发布公告称，有媒体报道猪贩将喂食有"瘦肉精"的生猪销售给济源双汇有限公司。由于该公司属于双汇发展正在实施的重大资产重组中的拟注入资产，双汇发展于16日起停牌。公告当日，双汇发展股价以77.94元的跌停价格报收。有22只基金的估值受到影响。

作为基金重仓股，双汇发展的停牌给每日计算净值并接受申赎的基金带来很大挑战。基金对因突发事件停牌股票的估值问题也引起社会广泛关注。中国证券业协会基金估值小组对此表示，在已有指数收益法、可比公司法、市盈率法和现金流折现法等停牌股票估值模型的基础上，基金公司可自主决定是否调整双汇发展估值，以及调整幅度、调整时间，并根据事件进展动态评估和调整估值，也可通过分析境内外市场其他个股在发生类似突发事件时股价受冲击的表现，估计对停牌公司的估值影响。

导致双汇发展本次停牌的突发事件，可能对公司目前及未来的经营状况产生重大影响，基于投资基金的未知价原则，基金有权对突发事件停牌股票进行估值调整，并履行信息披露义务。双汇发展的"瘦肉精"事件属于个股特定风险，难以简单参考市场和行业指数变化进行估值判断，基金管理公司普遍运用的是市盈率法和现金流折现法。

估值调整的合理、适当、及时对维持客户之间的公平性至关重要。

（资料来源：《上海证券报》，2011年3月28日）

【规则与要求】

（1）以小组为单位，六人一组，根据上述资料讨论：怎样为基金资产进行估值，如何把握低净值基金的投资。

（2）以小组为单位，派代表发言，交流讨论结果。

（3）教师引导学生学习基金资产估值相关知识，辅助学生完成任务。

【评价标准】

由学生互评、教师点评相结合，评价标准如下分述。

（1）观点是否合理，是否具有可操作性和创新性。

（2）团队成员参与活动的态度好坏与团队合作的效率高低。

【相关知识】

1. 基金资产估值的相关概念

（1）基金资产估值

基金资产估值是指通过对基金所拥有的全部资产及所有负债按一定的原则和方法进行估算，进而确定基金资产公允价值的过程。

（2）基金资产总值

基金资产总值是指基金全部资产的价值总和。

（3）基金资产净值

从基金资产中扣除基金所有负债即基金资产净值。用公式表示：

$$基金资产净值 = 基金资产 - 基金负债$$

（4）基金份额净值

基金资产净值除以基金当前的总份额，就是基金份额净值。用公式表示：

$$基金份额净值 = 基金资产净值 \div 基金总份额$$

基金份额净值是计算投资者申购基金份额、赎回资金金额的基础，也是评价基金投资业绩的基础指标之一。

基金净值越高，风险越高

拓展知识

基金作为一种投资产品，份额净值越低的基金，并不意味着将来上涨的空间就越大。基金资产净值 = 基金资产 - 基金负债。基金份额净值是指计算日基金资产净值除以计算日发行的基金份额总数。基金资产主要是基金持有的股票、债券的市值，如果这部分资产升值了，基金的净值就会升高，如果这部分资产下跌了，基金的净值就会降低（当然，基金分红和各项费用的增长也会造成净值的下跌）。

假设两只基金的时间期限相同，风险收益特征相同，也都没有进行过分红，那么，净值高的基金就代表基金管理人的管理水平高，为投资者创造的收益多。而净值低的基金代表基金管理人的投资能力不强，为投资者创造的收益少。投资者当然应该选择管理水平高的基金，也就是净值高的基金。

同样，基金净值越高，并不意味着基金的风险越高。基金的净值高，通常说明基金的成长性较好，那些经历过市场检验的高净值的基金一般具有较好的稳定性和持续成长的能力。

其实，基金的风险并非来自高净值，而主要来自基础市场行情走势对基金投资组合的影响。基金公司遵循的是投资组合理念，它的操作实际上是在低价位的时候买入一只股票，当股票涨到一定程度的时候，股票的风险增加，基金公司就卖出，资产从股票变成了现金，净值非但没有降低，反而因及时出售高风险资产而增加。对于那些投资水平高的投资团队来说，这样重复操作的结果是总资产在增加，净值也在增加，但风险并没有累加。所以，基金的风险主要是基金投资组合中资产的风险，和基金净值的高低没有关系。

（资料来源：金羊网）

2. 基金资产估值的目的

对于基金投资者来说，申购者希望以低于实际价值的价格进行申购；赎回者希望以高于实际价值的价格进行赎回；而基金的现有持有人则恰恰相反，希望流入比实际价值更多的资金，流出比实际价值更少的资金。因此，为了保证基金份额净值是公允的，有必要对基金资产进行估值。

从广义上讲，每份基金都与基金的各项资产及各项负债按一定的比例一一对应，因此，投资者申购一份基金所付出的金额应该在市场上按当前价格购买对应的资产，而赎回的投资者从基金中获取的金额也应是基金在市场上按当前价格出售相应资产所能获得的金额。这就是在估值过程中一般均采用资产最新价格的原因。否则，申购或赎回的价格错误将引起基金资产的稀释或浓缩。

基金管理人为了提高基金业绩从而达到吸引投资者的目的，有可能操纵估值结果，从而造成资产估值不公允。因此，各国（地区）的监管机构对基金资产估值都非常重视。

3. 基金资产估值的责任人

我国基金资产估值的责任人是基金管理人，但基金托管人对基金管理人的估值结果负有复核责任。

4. 基金资产估值频率

估值频率是指每间隔多长时间对基金资产进行估值，或者说是对基金资产进行估值的时间间隔。目前，我国的开放式基金于每个交易日估值，并于次日公告基金份额净值。封闭式基金每周披露一次基金份额净值，但每个交易日也进行估值。

5. 基金资产估值的程序

基金份额净值是按照每个开放日闭市后，基金资产净值除以当日基金份额的余额数量计算。

1）基金资产的估值对象包括基金所拥有的全部基金资产。在我国，基金资产的估值对象包括基金所拥有的股票、债券、权证、银行存款本息、应收款项及其他投资等全部基金资产。

2）基金日常估值由基金管理人进行，基金管理人每个交易日对基金资产估值后，将基金份额净值结果发给托管人。

3）基金托管人按基金合同规定的估值方法、时间、程序对基金管理人的计算结果进行复核，复核无误后签章返回给基金管理人，由基金管理人对外公布，并由基金注册重启机构根据确认的基金份额净值计算申购、赎回数额。

6. 基金资产估值的原则和具体投资品种的估值方法

（1）基金资产估值的原则

1）对存在活跃市场的投资品种，估值日有市价的，应采用市价确定公允价值。估值日无市价的，但最近交易日后经济环境未发生重大变化，应采用最近交易市价确定公允价值。

2）对存在活跃市场的投资品种，估值日无市价的，且最近交易日后经济环境发生了重大变化或证券发行机构发生了影响证券价格的重大事件，使潜在估值调整对前一估值日的基金资产净值的影响在0.25%以上的，应参考类似投资品种的现行市价及重大变化因素，调整最近交易市价，确定公允价值。

3）对不存在活跃市场的投资品种，应采用市场参与者普遍认同且被以往市场实际交易价格验证具有可靠性的估值技术确定公允价值。运用估值技术得出的结果，应反映估值日在公平条件下进行正常商业交易所采用的交易价格。采用估值技术确定公允价值时，应尽可能使用市场参与者在定价时考虑的所有市场参数，并应通过定期校验确保估值技术的有效性。

4）有充足理由表明按以上估值原则仍不能客观反映相关投资品种公允价值的，基金管理公司依据具体情况与托管银行进行商定，按最能恰当反映公允价值的价格估值。

（2）有关具体投资品种的估值方法

1）交易所上市、交易品种的估值。通常情况下，交易所上市的有价证券（包括股票、权证等）以其估值日在证券交易所挂牌的市价（收盘价）估值；交易所上市交易的债券按估值日收盘净价估值；交易所上市不存在活跃市场的有价证券，采用估值技术确定公允价值。交易所以大宗交易方式转让的资产支持证券，采用估值技术确定公允价值，在估值技术难以可靠计量公允价值的情况下，按成本进行后续计量。

2）交易所发行未上市品种的估值。

① 首次发行未上市的股票、债券和权证，采用估值技术确定公允价值，在估值技术难以可靠计量公允价值的情况下按成本计量。

② 送股、转增股、配股和公开增发新股等发行未上市股票，按交易所上市的同一股票的市价估值。

③ 非公开发行有明确锁定期的股票，按下述方法确定公允价值。

- 如果估值日非公开发行有明确锁定期的股票的初始取得成本高于在证券交易所上市交易的同一股票的市价，应采用在证券交易所上市交易的同一股票的市价作为估值日该股票的价值。

- 如果估值日非公开发行有明确锁定期的股票的初始取得成本低于在证券交易所上市交易的同一股票的市价，应按以下公式确定该股票的价值：

$$FV = C + (P - C)\frac{D_l - D_r}{D_l}$$

式中，FV——估值日该非公开发行有明确锁定期的股票的价值；C——该非公开发行有明确锁定期的股票的初始取得成本（因权益业务导致市场价格除权时，应于除权日对其初始取得成本做相应调整）；P——估值日在证券交易所上市交易的同一股票的市价；D_l——该非公开发行有明确锁定期的股票锁定期所含的交易所的交易天数；D_r——估值日剩余锁定期，即估值日至锁定期结束所含的交易所的交易天数（不含估值日当天）。

3）交易所停止交易等非流通品种的估值。

① 因持有股票而享有的配股权，从配股除权日起到配股确认日止，如果收盘价高于配股价，按收盘价高于配股价的差额估值。收盘价等于或低于配股价，则估值为零。

② 对停止交易但未行权的权证，一般采用估值技术确定公允价值。

③ 对于因重大特殊事项而长期停牌股票的估值，需要按估值基本原则判断是否采用估值技术。目前，中国证券业协会基金估值工作小组介绍了此类股票常用估值方法，包括指数收益法、可比公司法、市场价格模型法和估值模型法等，供管理人对基金估值时参考。目前，有基金管理人参考"中证协基金估值指数"，采用指数收益法对部分长期停牌股票进行估值。

4）全国银行间债券市场交易的债券、资产支持证券等固定收益品种，采用估值技术确定公允价值。

5）同一证券同时在两个或两个以上市场交易的，按证券所处的市场分别进行估值。

7. 计价错误的处理及责任承担

1）基金管理公司应制定估值及份额净值计价错误的识别及应急方案。当估值或份额净值计价错误实际发生时，基金管理公司应立即纠正，及时采取合理措施防止损失进一步扩大。当基金份额净值计价错误达到或超过基金资产净值的0.25%时，基金管理公司应及时向监管机构报告；当计价错误达到0.5%时，基金管理公司应当公告并报监管机构备案。

2）基金管理公司和托管银行在进行基金估值、计算或复核基金份额净值的过程中，未能遵循相关法律法规规定或基金合同约定，给基金财产或基金份额持有人造成损害的，应分别对各自行为依法承担赔偿责任。因共同行为给基金财产或基金份额持有人造成损害的，应承担连带赔偿责任。

8. 暂停估值的情形

当基金有以下情形时，可以暂停估值：

1）基金投资所涉及的证券交易所遇法定节假日或因其他原因暂停营业时。

2）因不可抗力或其他情形致使基金管理人、基金托管人无法准确评估基金资产价值时。

3）占基金相当比例的投资品种的估值出现重大转变，而基金管理人为保障投资人的利益已决定延迟估值时。

4）如出现基金管理人认为属于紧急事故的任何情况，会导致基金管理人不能出售或评估基金资产的。

5）中国证监会和基金合同认定的其他情形。

任务3　基金投资费用的确定

【模拟情境】

截至 2016 年年底，基金持有人支付的年度总运营费用为 689.76 亿元，其中管理费、托管费分别为 496.82 亿元和 110.63 亿元，占比分别为 71.99% 和 16.03%。基金管理费按照基金规模固定收取，假设基金管理费增加只能说明基金规模增加，而不决定基金投资收益。在固定费率制度下，对基金公司来说，规模就是收益，扩大规模成为基金公司的核心追求。基金业"规模至上"的追求，显然与基民的需求格格不入。我国当前基金管理费计提模式存在三大弊端：一是基民只能被动接受基金合同条款，没有就管理费合理性问题起诉基金公司的权利；二是负盈不负亏的分配制度，使多数基金管理人倾向于用保守的投资策略，尽量沉淀募集资金，通过时间推移逐步侵蚀基金持有人本金；三是基金资产规模效益直接受益人是基金管理人，而非基金持有人。

（资料来源：根据《公募基金收费模式再度引发质疑》，中国青年网与和讯网资料整理）

【规则与要求】

（1）以小组为单位，根据上述资料讨论：如何解决基金投资与基金管理公司的矛盾，寻找二者的利益平衡点。

（2）以小组为单位，派代表发言，交流讨论结果。

（3）教师引导学生学习基金费用相关知识，辅助学生完成任务。

【评价标准】

由学生互评、教师点评相结合，评价标准如下。

（1）观点是否合理、是否具有可操作性和创新性。

（2）团队成员参与活动的态度好坏与团队合作效率的高低。

【相关知识】

1. 基金费用的含义

基金是一种受托理财的方式，在运作过程中会发生一系列相关费用。基金运作过程中涉及的费用可分为两大类：一类是基金销售过程中发生的由基金投资者自己承担的费用，主要包括申购费、赎回费及基金转换费。这些费用直接从投资者申购、赎回或转换的金额中收取。另一类是基金管理过程中发生的由基金财产承担的费用，主要包括基金管理费、基金托管费、信息披露费等。对于不收取申购费（认购费）、赎回费的货币市场基金，基金管理人可以依照相关规定从基金财产中持续计提一定比例的销售服务费，专门用于本基金的销售和对基金持有人的服务。这些费用虽然是在销售过程中发生的，但由于是由基金财产承担的，因此也属于第二类费用。上述两大类费用的性质是截然不同的。第一类费用并不参与基金的会计核算，而第二类费用则需直接从基金资产中列支。这里所说的基金费用仅指上述第二类费用，其种类及计提标准一般都在基金合同及基金招募说明书中明确规定。

2. 基金费用的种类

按照规定，在基金管理过程中发生的下列费用可以作为基金费用，在基金财产中列支：

1）基金管理人的管理费。

2）基金托管人的托管费。

3）销售服务费。

4）基金合同生效后的信息披露费用。

5）基金合同生效后的会计师费和律师费。

6）基金份额持有人大会费用。

7）基金的证券交易费用。

8）按照国家有关规定和基金合同约定，可以在基金财产中列支的其他费用。

按照规定，在基金管理过程中发生的下列费用不能作为基金费用从基金财产中列支：

1）基金管理人和基金托管人因未履行或未完全履行义务导致的费用支出或基金财产的损失。

2）基金管理人和基金托管人处理与基金运作无关的事项发生的费用。

3）基金合同生效前的相关费用，包括但不限于验资费、会计师和律师费、信息披露费等费用。

3. 各种费用的计提标准及计提方法和支付方法

（1）基金管理费、基金托管费和基金销售服务费

1）基金管理费、基金托管费和基金销售服务费的计提标准如表 6-6 所示。

表6-6 基金费用与计提标准

费 用	概 念	计提标准
基金管理费	基金管理人管理基金资产而向基金收取的费用	• 我国香港的债券基金年费率为 0.5% ~ 1.5%，股票基金年费率为 1% ~ 2% • 美国等基金业发达的国家和地区，基金的管理年费率通常为 1% 左右 • 我国台湾地区的基金管理年费率一般为 1.5% • 目前，我国股票基金大部分按照 1.5% 的比例计提基金管理费，债券基金的管理费率一般低于 1%，货币市场基金的管理费率为 0.33%
基金托管费	基金托管人为基金提供托管服务而向基金收取的费用	• 国际上通常为 0.2% 左右，美国一般为 0.2% • 我国封闭式基金按照 0.25% 的比例计提基金托管费；开放式基金根据基金合同的规定比例计提，通常低于 0.25%；股票基金的托管费率要高于债券基金及货币市场基金的托管费率
基金销售服务费	从基金资产中扣除的用于支付销售机构佣金以及基金管理人的基金营销广告费、促销活动费、持有人服务费等费用	• 基金销售服务费目前只有货币市场基金和一些债券基金收取，费率大约为 0.25%。收取销售服务费的基金通常不收申购费

2）计提方法和支付方式。目前，我国的基金管理费、基金托管费及基金销售服务费均按前一日基金资产净值的一定比例逐日计提，按月支付。

（2）基金交易费

基金交易费指基金在进行证券买卖交易时所发生的相关交易费用。目前，我国证券投资基金的交易费用主要包括印花税、交易佣金、过户费、经手费、证管费。交易佣金由证券公司按成交金额的一定比例向基金收取，印花税、过户费、经手费、证管费等则由登记公司或交易所按有关规定收取。参与银行间债券交易的，还需向中央国债登记结算有限责任公司支付银行间账户服务费，向全国银行同业拆借中心支付交易手续费等服务费用。

（3）基金运作费

基金运作费指为保证基金正常运作而发生的应由基金承担的费用，包括审计费、律师费、上市年费、信息披露费、分红手续费、持有人大会费、开户费、银行汇划手续费等。按照有关规定，发生的这些费用如果影响基金份额净值小数点后第 4 位的，应采用预提或待摊的方法计入基金损益。发生的费用如果不影响基金份额净值小数点后第 4 位的，应于发生时直接计入基金损益。

从业资格考试训练题

一、单选题（以下备选答案中只有一项最符合题目要求）

1．基金管理公司的主要股东是指出资额占基金管理公司注册资本的比例最高，且不低于（　　）的股东。

    A．20%　　　　　　　B．25%　　　　　　　C．33%　　　　　　　D．50%

2．基金管理公司投资研究的落脚点是（　　）。

    A．客观经济研究　　　　　　　　B．投资策略研究

    C．行业成长性判断　　　　　　　D．个股投资价值判断

3．就债券研究而言，它主要侧重于（　　）。

    A．债券的走势形态判断　　　　　B．债券的久期判断

    C．债券的到期收益率判断　　　　D．债券的到期时间判断

4．为了实现决策人与执行人的分离，防止基金经理决策的随意性与道德风险，投资交易的实现应该做到（　　）。

    A．基金经理下达的投资指令应经风险控制部门的审核，确认其合法合规与完整后才可执行

    B．基金经理直接向交易员下达投资指令，交易员才可执行交易

    C．基金经理可直接进行交易，从而提高效率

    D．基金经理下达的个股投资指令须征得研究员的认可

5．交易是实现基金经理投资指令的最后环节，为防止投资决策的随意性和道德风险，决策人与执行人分离的含义是指（　　）。

    A．基金经理下达指令，交易员接受指令进行交易

    B．基金经理与交易员的办公分离

    C．交易员只执行经风险控制部门审核过的基金经理的投资指令

    D．基金经理间的投资指令须相互独立

6．关于基金估值，以下说法正确的是（　　）。

    A．复核无误的基金份额净值由基金托管人对外公布

    B．开放式基金每个交易日的次日进行估值

    C．封闭式基金每周进行一次估值

    D．开放式基金每个交易日进行估值

7．QDII 基金的净值在估值日后（　　）内披露。

    A．1 个月　　　　　B．1 周　　　　　C．2 个工作日　　　D．1 个工作日

8．基金管理费通常与风险（　　　）。

A．成正比　　　　　B．成反比　　　　　C．无关　　　　　D．无法判断

9．目前，我国证券投资基金管理费计提后，按（　　　）向管理人支付。

A．月　　　　　　　B．季　　　　　　　C．周　　　　　　　D．日

10．证券投资基金会计核算的责任主体是（　　　）。

A．基金管理人与基金托管人　　　　　B．基金管理人

C．证券投资基金　　　　　　　　　　D．基金托管人

二、多选题（以下备选答案中有两项或两项以上符合题目要求）

1．根据我国的实践，基金管理公司中的非常设机构主要包括（　　　）。

A．交易部　　　　　B．风险控制委员会C．投资决策委员会D．监察稽核部

2．基金公司的投资管理部门包括（　　　）。

A．投资决策委员会B．研究部　　　　　C．投资部　　　　　D．交易部

3．基金管理公司的风险管理部门包括（　　　）。

A．监察稽核部　　　B．市场部　　　　　C．风险管理部　　　D．机构理财部

4．按照我国的实践，以下关于基金管理公司投资决策委员会主要职责的表述，正确的有（　　　）。

A．制定基金投资组合的具体方案

B．审定基金资产配置比例或比例范围

C．确定基金经理的投资权限

D．确定基金投资的基本方针

5．我国基金管理公司一般的决策程序有（　　　）。

A．研究发展部提出研究报告

B．投资决策委员会决定基金的总体投资计划

C．投资部制定投资组合的具体方案

D．风险控制委员会提出风险控制建议

6．因基金估值错误给基金份额持有人造成损失的，一般应由（　　　）承担。

A．基金托管人　　　　　　　　　　B．基金管理人

C．基金注册登记机构　　　　　　　D．会计师事务所

7．下列选项不列入基金费用种类的是（　　　）。

A．验资费　　　　　B．会计师费　　　　C．信息披露费　　　D．律师费

8. 下列（　　）不是证券投资基金的会计主体。

    A．基金份额持有人　　　　　　　B．基金托管人

    C．基金管理人　　　　　　　　　D．证券投资基金

9.（　　）属于基金资产承担的费用。

    A．基金管理费　　　　　　　　　B．基金托管费

    C．基金份额持有人大会费用　　　D．基金发行费

10. 对于基金交易费，以下说法正确的是（　　）。

    A．基金交易费是指基金在进行证券买卖交易时所发生的相关交易费用

    B．我国证券投资基金的交易费主要包括印花税、交易佣金、过户费、经手费、证管费

    C．交易佣金由证券公司按成交金额的一定比例向基金收取

    D．印花税、过户费、经手费、证管费等由托管人按有关规定收取

三、判断题（正确的用 A 表示，错误的用 B 表示）

1. 基金发行规模越大，基金份额净值就越高。（　　）

2. 基金决策的最高权力机构是基金份额持有人大会。（　　）

3. 因持有股票而享有的配股权，采用估值技术确定公允价值。（　　）

4. 基金交易费用中的交易佣金由证券公司向基金收取。（　　）

5. 基金发生的基金运作费用如果影响基金份额净值小数点后第五位，则应采用待摊或预提的方法。（　　）

6. 基金投资运作是基金管理公司的核心业务。（　　）

7. 投资决策委员会是基金管理公司的常设机构，是公司最高投资决策机构。（　　）

8. 投资研究是基金管理公司进行实际投资的基础和前提，基金实际投资绩效在很大程度上决定于投资研究的水平。（　　）

9. 基金管理公司的风险控制委员会是公司非常设议事机构。（　　）

10. 基金份额净值是计算投资者申购基金份额、赎回基金金额的基础，也是评价基金投资业绩的基础指标之一。（　　）

四、问答题

1. 基金公司投资运作流程是什么？

2. 基金决策是如何制定的，又是如何实施的？

3. 基金运作过程中发生哪些费用?

4. 基金估值的基本原则是什么?

五、能力训练题

模拟基金管理公司基金经理建仓

题目条件:募集基金 100 万元,发行基金份额 100 万份,先建仓买入 5 只股票,正式申购开始第二天再买入第 6 只股票。第一天投资者净申购 20 万元,第二天基金经理无投资,投资者净赎回 50 万份。请基金经理计算基金三日内的净值。

建仓要求:

(1)对建仓股票的基本情况介绍。

(2)计算本基金三天的净值(列表)。

建仓步骤:

第一步 募集资金

假设每一组募集到资金 20 万元,发售基金份额 20 万份。

第二步 投资建仓

首先要说明一下自己的投资理念及目标,据此去选股。

建仓要求每组选择至少 3 只以上股票,以建仓日收盘价为买入价,并介绍一下自己所选股票的基本情况。

第三步 计算建仓后一、二、三天的基金份额净值(忽略一切费用,份额净值保留到小数点后两位)

假设建仓后第一天有净申购 5 万份,建仓后第二天有净赎回 2 万份。

项目七
为投资者做基金收益咨询服务

学习目标

知识目标

掌握基金收益分配、基金税收的相关内容；掌握基金绩效评价方法；掌握基金投资收益率计算方法。

能力目标

能够为投资者提供基金投资收益、税收、信息披露相关情况和咨询服务；能够利用基金评价指标分析基金收益及风险情况；会阅读基金年报关键信息，并给投资者提供相关咨询服务。

学习任务

任务 1　为投资者提供基金收益与税收咨询服务

任务 2　为投资者解读基金季报、半年报、年报信息

为什么没有便宜的基金

购买基金时，其实并不存在便宜和贵的区别。所谓的便宜与否，是与价格相关的。基金买卖时的价格是基金的份额净值，也就是每一份额基金的净资产值，它是按照基金投资的股票、债券、其他有价证券的市场价格，加上保留的现金计算出来的。这样的价格，与由交易双方博弈而形成的价格不同。双方博弈形成的价格，可以偏离价值，或者对买方有利，或者对卖方有利，这样也就有了价格是便宜还是贵的问题。

如果基金的净值低，投资者用同样的投资金额可以买到较多的基金份额，这种数量上的错觉，容易让投资者以为买净值低的基金是捡到了便宜。

我们假设：基金 A，净值 1.5 元；基金 B，净值 1.1 元。投资者投资 10 000 元，可以买到 6 667 份基金 A，也可以买到 9 091 份基金 B。显然，投资者如果投资基金 B，可以买到更多的份额。但是，如果两只基金采取了同样的投资方式，获得了同样的收益率。一年以后，基金 A 拥有的股票涨了 10%，净值涨到了 1.65 元。基金 B 拥有的股票同样也涨了 10%，净值涨到了 1.21 元。这时，投资者手中基金的市值都是 11 000 元。所以，当时无论买基金 A 还是买基金 B，结果都一样，都赚了 10%。

因此，投资基金时要选择未来增长性预期好的基金，而不要以便宜和贵为标准，为了买到更多的基金份额，而选择所谓便宜的基金。

（资料来源：http://fund2.eastmoney.com/news,jjxx,1581528.html）

任务1　为投资者提供基金收益与税收咨询服务

【模拟情境】

2016 年 5 月，投资者王先生在同事的推荐下，买入一只股票基金，当时基金单位净值是 1.00 元。2017 年 1 月基金分红每 10 份 0.5 元，在 2017 年 4 月基金单位净值跌至 0.60 元。王先生来到证券公司向客户经理咨询，为什么基金分红了，而自己所买的基金价值越来越少了？基金收益和分红是什么关系？基金收益是否有税收？

【规则与要求】

（1）以小组为单位，由小组同学分别模拟客户经理，根据基金收益与税收及分红方式等相关知识，为客户王先生提供咨询服务。

（2）教师引导学生学习基金收益与税收及分红方式等知识，辅助学生完成任务。

【评价标准】

由学生互评、教师点评相结合，评价标准如下。

（1）能否用通俗易懂的语言解答客户在基金收益、基金分红方式、税收等方面的疑问。

（2）团队成员参与活动的态度好坏与团队合作的效率高低。

【相关知识】

1. 基金收益

（1）基金收益来源

基金收益来源如表 7-1 所示。

表 7-1 基金收益来源

	内　　容	具体收入
利息收入	因债券投资、资产支持证券投资、银行存款、结算备付金、存出保证金、按买入返售协议融出资金等而实现的利息收入	债券利息收入、资产支持证券利息收入、存款利息收入、买入返售金融资产收入
投资收益	基金经营活动中因买卖股票、债券、资产支持证券、基金等实现的差价收益，因股票、基金投资等获得的股利收益，以及衍生工具投资产生的相关损益	股票投资收益、债券投资收益、资产支持证券投资收益、基金投资收益、衍生工具收益、股利收益
其他收入	除上述收入以外的其他各项收入，包括赎回费扣除基本手续费后的余额、手续费返还、ETF 替代损益，以及基金管理人等机构为弥补基金财产损失而支付给基金的赔偿款项等	赎回费扣除基本手续费后的余额、手续费返还、ETF 替代损益，以及基金管理人等机构为弥补基金财产损失而支付给基金的赔偿款项等
公允价值变动损益	基金持有的采用公允价值模式计量的交易性金融资产、交易性金融负债等公允价值变动形成的应计入当期损益的利得或损失	公允价值变动形成的利得或损失

（2）基金利润分配

基金利润是指基金在一定会计期间的经营成果。利润包括收入减去费用后的净额、直接计入当期利润的利得和损失等。基金收入是基金资产在运作过程中所产生的各种收入。

1）封闭式基金的利润分配。根据《证券投资基金运作管理办法》，封闭式基金的利润分配，每年不得少于一次，封闭式基金年度利润分配比例不得低于基金年度已实现利润的90%。封闭式基金当年利润应先弥补上一年度亏损，然后才可进行当年分配。封闭式基金一般采用现金方式分红。基金收益分配后基金份额净值不得低于面值。

2）开放式基金的利润分配。我国开放式基金按规定需在基金合同中约定每年基金利润分配的最多次数和基金利润分配的最低比例。利润分配比例一般以期末可供分配利润为基准计算。

开放式基金的分红方式有两种。

① 现金分红方式。根据基金利润情况，基金管理人以投资者持有基金单位数量的多少，将利润分配给投资者。这是基金分配最普遍的形式。

② 红利再投资，即分红再投资转换为基金份额，是指将应分配的净利润按除息后的份额净值折算为等值的新的基金份额进行基金分配。

根据有关规定，基金分配应当采用现金方式。基金份额持有人可以事先选择现金利润，也可按约定转为基金份额。

3）货币市场基金的利润分配。我国规定，对于每日按照面值进行报价的货币市场基金，可以在基金合同中将收益分配的方式约定为红利再投资，并应当每日进行收益分配。还规定当日申购的基金份额自下一个工作日起享有基金的分配权益，当日赎回的基金份额自下一个工作日起不享有基金的分配权益。

例如，假设投资者在2017年4月14日（周五）申购了份额，那么基金将从4月17日（周一）开始计算其权益。如果在4月14日（周五）赎回了份额，那么除了享有4月14日（周五）的利润之外，还同时享有4月15日（周六）和4月16日（周日）的利润，但不再享受4月17日的利润。因此，货币市场基金的申购时间应该选在周一，赎回应该选择周五。

拓展知识

基金分红选择现金分红好，还是红利再投资好

基金分红方式有现金分红和红利再投资两种。两种分红方式各有特点，也各有利弊。不同的投资者应根据自身的投资目的选择不同的方式。

现金分红是实现投资阶段性目标的很好方法。这是因为基金的分红一般都会处在市场上升格局中，此时选择现金分红相当于将一部分收益提早确认，落袋为安，从而一定程度上规避了市场反转带来的风险。对于中短期投资者来说，这一点非常重要，下面以嘉实沪深 300 基金为例做一说明。假设在该基金成立时投资者认购 1 000 元，面值 1 元（不考虑认购费），能认购 1 000 份基金份额。截止日算为 2017 年 12 月 8 日，看看到底哪种分红方式收益更高。在此期间该基金共分红 7 次，除息日如表 7-2 所示。

表 7-2 选择现金红利和红利再投资方式的收益比较

除息日	每 10 份派现	净值	选择现金分红的资产总额	选择红利再投资的资产总额
2016-3-8	0.7 元	1.011	资产总额 =70+30+150+920+69+200+429+1 000×0.707 =2 575（元） 收益率 =2 575÷1 000×100% =157.5%	资产总额 =（70÷1.011+30÷1.061+150÷1.135+920÷1.006+69÷1.013+200÷1.625+429÷1.265+1 000）×0.707 =2 674.506 97×0.707 =1 890.876 43（元） 收益率 =890.876 43÷1 000×100% =89.1%
2016-4-13	0.3 元	1.061		
2006-6-16	1.5 元	1.135		
2017-3-2	9.2 元	1.006		
2017-4-11	0.69 元	1.013		
2017-8-7	2.00 元	1.625		
2017-8-22	4.29 元	1.265		
2017-10-26		0.707	现金分红的基金市值目前仅有 707 元	红利再投资的基金市值则有 1 890.87 元

由上述案例可以看出，如果基金投资属于中短期投资，或者对后市不再看好，可以将分红方式选为现金分红，而如果对后市持续看好，或准备做长期投资，则可以选择相对激进的红利再投资。

对于普通投资者在不好判断市场趋势时，有一个比较实用的技巧可以帮助提高收益率：选择现金分红，将分红资金购买货币基金或者存入银行，当所投资的股票基金跌破面值 1 元时，可以择机将分红现金介入。这样做的原理是基金不能在低于面值时分红，这样就保证了投资者此时买的价格一定要比其选择红利再投资时的价格便宜。

（资料来源：http://blog.sina.com.cn/s/blog_606c61900100dnfg.html）

基金分红是额外收入吗

基金进行利润分配会导致基金份额净值的下降。例如，一只基金在分配前的份额净值是 1.23 元，假设每份基金分配 0.05 元，在进行分配后基金的份额净值将下降到 1.18 元。尽管基金的份额净值下降了，并不意味着投资者有投资损失。假设一个基金投资者在该基金中拥有 1 000 份的基金投资，分配前该投资者在该基金中的投资价值为 1 230 元（1 000×1.23），分配后该投资者获得了 50 元（1 000×0.05）的现金分红，其在该基金上的投资价值为 1 180 元（1 000×1.18），与现金分红合计仍为 1 230 元，分配前后的价值不变，因此，基金分红并不是额外收入。

2. 基金税收

我国基金税收的政策法规主要体现在以下文件中：1998 年发布的《关于证券投资基金税收问题的通知》，2002 年发布的《关于开放式证券投资基金有关税收问题的通知》，2004 年发布的《关于证券投资基金税收政策的通知》，2005 年发布的《关于股息红利个人所得税有关政策的通知》《关于股息红利有关个人所得税政策的补充通知》，以及 2008 年发布的《关于企业所得税若干优惠政策的通知》。这些政策法规对基金作为一个营业主体的税收问题、基金管理人和基金托管人作为基金营业主体的税收问题与投资者买卖基金涉及的税收问题有明确的规定。

（1）基金本身的税收种类（见表 7-3）

表 7-3 基金本身的税收种类

营业税	目前，我国对基金管理人运用基金买卖股票、债券的差价收入，免征营业税
印花税	据财政部、国家税务总局的规定，从 2008 年 9 月 19 日起，基金卖出股票时按照 1‰ 的税率征收证券（股票）交易印花税，而对买入交易不再征收印花税
所得税	对证券投资基金从证券市场中取得的收入，包括买卖股票、债券的差价收入，股权的股息、红利收入，债券的利息收入及其他收入，暂不征收企业所得税。对基金取得的股利收入、债券的利息收入、储蓄存款利息收入，由上市公司、发行债券的企业和银行在向基金支付上述收入时代扣代缴 20% 的个人所得税

（2）基金管理人和基金托管人的税收

基金管理人、基金托管人从事基金管理活动取得的收入，依照税法的规定征收营业税和企业所得税。

（3）机构投资者投资基金的税收（见表 7-4）

表 7-4 机构投资者投资基金的税收

营业税	金融机构（包括银行和非银行金融机构）买卖基金的差价收入征收营业税，非金融机构买卖基金份额的差价收入不征收营业税
印花税	企业投资者买卖基金份额暂免征收印花税
所得税	企业投资者买卖基金份额获得的差价收入，应并入企业的应纳税所得额，征收企业所得税；企业投资者从基金分配中获得的收入，暂不征收企业所得税

（4）个人投资者投资基金的税收（见表 7-5）

表 7-5　个人投资者投资基金的税收

印花税	个人投资者买卖基金份额暂免征收印花税
所得税	买卖基金份额获得的差价收入暂不征收个人所得税
	从基金分配中获得的股票的股利收入、企业债券的利息收入、储蓄存储利息收入由上市公司发行债券的企业和银行在向基金支付上述收入时，代扣代缴 20% 的个人所得税。个人投资者从基金分配中取得的收入，暂不征收个人所得税
	从基金分配中获得的国债利息、买卖股票差价收入，国债利息收入、个人买卖股票差价收入暂不征收所得税
	从封闭式基金分配中获得的企业债券差价收入应对个人投资者征收个人所得税，税款由封闭式基金在分配时依法代扣代缴
	申购和赎回基金份额取得的差价收入暂不征收个人所得税

任务2　为投资者解读基金季报、半年报、年报信息

【模拟情境】

模拟证券公司、商业银行的客户经理，选择一只具体的基金产品，上网查找该基金最新的季报、半年报和年报，对比并分析其中重要的信息，从中对该基金绩效进行评价。

【规则与要求】

（1）要求把所选定的基金的季报、半年报和年报上重要的信息摘出并做成表格进行对比。

（2）利用所查信息中的数据和基金评价指标进行计算并得出简要的结论。

（3）模拟证券公司客户经理为客户提供基金年报信息的咨询服务。

【评价标准】

由学生互评、教师点评相结合，评价标准如下。

（1）收集的基金信息是否重点突出，并具有可对比性。

（2）能否为客户正确解读基金年报信息。

【相关知识】

1. 基金信息披露

（1）基金信息披露的含义、作用与原则

基金信息披露是指基金市场上的有关当事人在基金募集、上市交易、投资运作等一系列环节中，依照法律法规规定向社会公众进行的信息披露。依靠强制性信息披露，培育和完善市场运行机制，增强市场参与各方对市场的理解和信心，是世界各国（地区）证券市场监管的普遍做法，基金市场作为证券市场的组成部分也不例外。

基金信息披露的作用主要表现在：有利于投资者对投资基金的价值判断，有利于防止利益冲突与利益输送，能有效防止信息滥用。

基金信息披露的原则体现在对披露内容和披露形式两方面的要求上。在披露内容上，要求遵循真实性原则、准确性原则、完整性原则、及时性原则和公平披露原则；在披露形式上，要求遵循规范性原则、易解性原则和易得性原则。

（2）基金信息披露的法律法规

1999 年，中国证监会发布实施《证券投资基金信息披露指引》，并在此基础上构建了我国基金试点时期的信息披露制度法律框架。2003 年 10 月《证券投资基金法》颁布后，为了适应基金市场不断发展的需要，中国证监会对最初的基金信息披露制度进行了修订和补充，并于 2003 年起先后发布了与《证券投资基金法》配套的一系列基金信息披露规章和规范性文件，进而形成一套新的基金信息披露制度体系。我国基金信息披露制度体系可分为国家法律、部门规章、规范性文件与自律规则四个层次。

（3）基金信息披露的种类

基金信息披露分为基金募集信息披露、基金运作信息披露和基金临时信息披露三大类（见表 7-6）。

（4）基金信息披露的禁止行为

为了防止信息误导给投资者造成损失，保护公众投资者的合法权益，维护证券市场的正常秩序，法律法规对于借公开披露基金信息为名，编制、传播虚假基金信息，恶意进行信息误导，诋毁同行或竞争对手等行为做出了禁止性规定（见表 7-7）。

表 7-6 基金信息披露的种类

种 类		含 义	规 定
基金募集信息披露	首次募集信息披露	主要包括基金份额发售前至基金合同生效期间进行的信息披露	在基金份额发售前，基金管理人需要披露招募说明书、基金合同、托管协议、基金份额发售公告等文件。当基金将验资报告提交中国证监会办理基金备案手续后，基金还应当编制并披露基金合同生效公告
	存续期募集信息披露	开放式基金在基金合同生效后每6个月披露一次更新的招募说明书	由于开放式基金不是一次募集完成的，而是在其存续期间不断进行申购、赎回，这就需要针对潜在的基金投资者披露与后续募集期间相对应的基金募集、运作信息
基金运作信息披露		在基金合同生效后至基金合同终止前，基金信息披露义务人依法定期披露基金存续期间的上市交易、投资运作及经营业绩等信息	披露文件包括基金份额上市交易公告书、基金资产净值和份额净值公告、基金年度报告、半年度报告、季度报告
基金临时信息披露		在基金存续期间，当发生重大事件或市场上流传误导性信息，可能引致对基金份额持有人权益或者基金份额价格产生重大影响时，基金信息披露义务人依法对外披露临时报告或澄清公告	

表 7-7 基金信息披露的禁止行为

禁止行为	含义和表现形式
虚假记载、误导性陈述或者重大遗漏	虚假记载指信息披露义务人将不存在的事实在基金信息披露文件中予以记载的行为 误导性陈述是指使投资者对基金投资行为发生错误判断并产生重大影响的陈述 重大遗漏是指披露中存在应披露而未披露的信息，以至于影响投资者做出正确决策
对基金的证券投资业绩进行预测	由于基金的各类投资标的受到发行主体经营情况、市场涨跌、宏观政策以及基金管理人的操作等因素的影响，其风险收益变化存在一定程度的随机性，因此，禁止对基金的证券投资业绩水平进行预测
违规承诺收益或承担损失	对于基金信息披露义务人而言，其没有承诺收益的能力，也不存在承担损失的可能。因此，如果基金信息披露中违规承诺收益或承担损失，则将被视为对投资者的诱骗及进行不当竞争

续表

禁止行为	含义和表现形式
诋毁其他基金管理人、基金托管人或基金销售机构	如果基金管理人、基金托管人或者基金销售机构对其他同行进行诋毁、攻击，借以抬高自己，则将被视为违反市场公平原则，扰乱市场秩序，构成一种不当竞争行为
有宣传他人的文字	登载任何自然人、法人或其他组织的祝贺性、恭维性或推荐性的文字

（5）基金托管人的信息披露义务

基金托管人主要负责办理与基金托管业务活动有关的信息披露事项，具体涉及基金资产保管、代理清算交割、会计核算、净值复核、投资运作监督等环节。

1）在基金份额发售的 3 日前，将基金合同、托管协议登载在基金托管人网站上。

2）对基金管理人编制的基金资产净值、份额净值、申购和赎回价格、基金定期报告和定期更新的招募说明书等公开披露的相关基金信息进行复核、审查，并向基金管理人出具书面文件或盖章确认。

3）在基金年度报告中出具基金托管人报告，对报告期内基金托管人是否尽职尽责履行义务及基金管理人是否遵规守约等情况做出声明。

4）当基金发生涉及托管人及托管业务的重大事件时，例如，基金托管人的专门基金托管部门的负责人变动，该部门的主要业务人员在 1 年内变动超过30%，基金托管人召集基金份额持有人大会，托管人的法定名称或住所发生变更，发生涉及托管业务的诉讼，托管人受到监管部门的调查或托管人及其托管部门的负责人受到严重行政处罚等，基金托管人应当在事件发生之日起 2 日内编制并披露临时公告书，并报中国证监会备案。

5）基金托管人召集基金份额持有人大会的，应至少提前 30 日公告大会的召开时间、会议形式、审议事项、议事程序和表决方式等事项。会议召开后，应将持有人大会决定的事项报中国证监会核准或备案，并予公告。

6）基金托管人职责终止时，应聘请会计师事务所对基金财产进行审计，并将审计结果予以公告，同时报中国证监会备案。同基金管理人一样，基金托管人也应建立健全各项信息披露管理制度，指定专人负责管理信息披露事务。

如何阅读基金年报

拓展知识

1. 通过年报可以看什么

（1）基金投资策略

尽管每只基金产品发行时，都有一定的投资策略，这些投资策略都是指导性的。但因市场瞬息万变，为捕捉投资中的机会，基金管理人也会根据市场情况变化进行适度的策略调整。为此，投资者不能总是以基金招募书上的投资策略作为评定基金产品策略一贯性的标准。当投资者通过阅读基金年报，及时掌握了基金的策略变化，就会做出自己的投资策略调整，跟上基金的操作步伐。

（2）基金投资组合

通过阅读基金年报，投资者将了解哪些投资组合资产品种产生了收益，哪些投资组合资产品种产生了亏损，被调出资产品种和被调入资产品种之间有什么不同点和共同点。通过对基金组合资产品种的分析、对比和了解，有利于投资者预测未来的投资风险。

（3）基金经理的投资风格

通过阅读基金年报，投资者将从基金的投资策略、持仓品种的变化、资产配置产生的效益等诸方面，对基金经理人的投资风格做出全面评价，以此检测基金经理人操作基金的能力和水平。同时，也要注意是否发生了基金经理人的变动。如果基金经理人发生了变动，投资者则必须通过年报披露新基金经理人的投资阅历、历史业绩和其在经理工作报告中的有关陈述。

（4）基金持有人结构

通过阅读年报，了解基金持有人的结构变化，基金申购、赎回、转换的频度，将为投资者提供重要的投资参考。通过阅读"基金前十名持有人"，有助于投资者进一步分析上述基金持有人类别和他们的投资目的，对持有人结构的稳定性有一个大致的了解。

（5）基金分红策略

实证表明，无论采用哪种分红方式，都有助于降低基金的赎回频度，促使投资者积极申购。因此，对于具备分红条件的基金产品，还是应当积极分红的。

（6）基金的内控机制

作为投资者，阅读基金年报，最不能忽略的就是基金管理公司的内部控制机制。通过基金经理的投资风格、基金产品投资组合、基金的运作业绩、基金持有人变化，将更多地凸显出基金内控机制的完善性、科学性、规范性、高效性，从而观察和了解基金产品运作的风险控制能力。同样，一个健全的内部控制制度，也有助于基金运作业绩的大幅度提高。

（7）重要事项提示

提示一年来基金发生的大事。值得投资者关注的内容包括：基金管理人管理费是否降低，基金公司在过去年度有无司法诉讼，基金公司有没有发生重大的人事变动，基金公司修改其投资方向的决定等。

2. 如何分析具体资料

（1）基金年报的盈亏数据

基金的经营业绩一般包括两部分——已实现收益和未实现收益。前者是指已经落袋的收益或者已经斩仓的亏损，后者是指持有证券的浮动收益或者亏损。

（2）周转率

从年报中可以看到基金投资股票的周转率情况，周转率的高低反映出基金买卖股票的频率，周转率越高说明基金的操作风格越积极主动，甚至采用了较多的波段操作，反之则说明基金倾向采用买入持有策略，注重中长期回报。

$$周转率＝基金的股票交易量÷基金持有的平均股票市值$$

（3）持仓量

由于基金的资产组合中股票价格的市场波动性较大，而债券和现金的市场价格则具有较高的稳定性。因此，基金的股票持仓量成为决定其净值增长的关键因素。一般而言，牛市中，持仓量高的基金，其净值增长也较大；熊市中，持仓量低的基金，在大盘下跌过程中所收到的净值损失也相应较小。同时，持仓量也反映了基金经理对未来走势的一个基本判断。

3. 投资基金业绩评价的内容

（1）投资基金的收益率

获得较高收益和回报是投资者进行投资的目标。所以评价投资基金业绩时，首先应该评价投资基金的收益率。目前我国发行的基金都是封闭型基金，可以用基金投资收益率＝（期末每份基金净值÷期初每份基金净值）−1 来衡量投资基金的收益率。

（2）投资基金的风险水平

投资者获得收益的同时也要承担一定的风险。这种风险包括市场风险（不可分散风险）和非市场风险（可以通过投资组合分散的风险），有效的证券组合可以使非市场风险极小化为零。

（3）基金管理人的投资才能

基金投资收益率是基金业绩评价中非常重要的指标，但是仅仅有这项指标还不能满足基金业绩评价的要求。基金管理人的管理才能还表现在分散风险和降低风险的能力，以及根据市场变化进行投资组合调整的能力。这些能力包括基金管理人对证券的选择、买卖证券的时机选择。

2. 基金业绩评价

（1）基金业绩评价的含义

基金业绩评价是指对基金运营效果和业绩进行分析和评价。具体来说，基金业绩评价是根据基金的投资目标、投资范围、投资约束、组合风险及投资风格等具体情况，对基金组合表现进行衡量，从而对基金运营效果进行评价。对于个人投资者而言，投资业绩的好坏可能决定他们是否有足够的钱来支付大额开支。对于基金公司而言，想要提高其投资管理能力，必须测算和理解基金经理的业绩。

（2）基金业绩评价需要考虑的因素

不同基金的投资目标、范围、比较基准等均有差别。因此，基金的表现不能仅仅看报酬率。为了对基金业绩进行有效评价，以下因素必须加以考虑。

1）投资目标与范围。投资目标与范围不同的基金，其投资策略、业绩比较基准都可能不同。如货币市场基金主要投资于货币市场工具，风险与收益都低，股票基金主要投资于股票，收益与风险较高。这二者的业绩不具备可比性。

2）基金风险水平。根据风险报酬理论，投资收益是由投资风险驱动的，风险越大，所要求的报酬率就越高。市场上一些平均收益率高的基金，可能仅仅是因为其承担了较高的风险，而与基金经理的能力无关。因此，在基金业绩评价的过程中，要对其进行调整。

3）基金规模。基金存在一些固定成本、研究费用和信息获得费用等。与小规模基金相比，规模较大的基金的平均成本更低。另外，规模较大的基金可以有效地减少非系统性风险，但是基金规模过大，对可选择的投资对象、被投资股票的流动性等都有不利影响。

4）时期选择。同一基金在不同时间段内的表现可能有很大的差距。业绩计算开始与结束时间不同，基金回报率和业绩排名可能有较大的差异。因此，业绩评价需要计算多个时间段的业绩，如最近一个月、最近三个月、最近一年、最近五年等。

（3）基金业绩评价指标

通过建立基金业绩评价指标体系，计算和分析各种基金绩效评价指标，对基金业绩进行客观评价。基金业绩指标如表 7-8 所示。

表 7-8 基金业绩评价指标

收益率指标	概　念	公　式	例　子
持有区间收益率	包括资产回报（股票、债券等价格的损益）率和收入回报（分红、利息、租金）	资产回报率＝（期末资产价格－期初资产价格）÷期初资产价格×100% 收入回报率＝期间收入÷期初资产价格×100%	某投资者在 2015 年 12 月 31 日买入 1 股 A 公司股票，价格为 100 元，持有期间发放 3 元现金红利，6 月其股价为 105 元，该区间内： 资产回报率＝（105－100）÷100×100%=5% 收入回报率＝3÷100×100% 持有区间收益率＝ 5%+3% ＝ 8%
时间加权收益率	将计算区间分为子区间，每个子区间以现金分，将每个区间的收益率以几何平均的方式相连接，这样基金的申购、赎回不分别计算持有期率	$R=(1+R_1)\times(1+R_2)\times(1+R_n)\cdots-1$ （R 为时间加权收益率，R_n 为每个持有期的收益率）	以股票基金为例，在 2015 年 12 月 31 日，其净值为 1 亿元，在 2016 年 4 月 15 日，有客户申购了 2 000 万元，在 9 月 1 日，基金进行了 1 000 万元的分红，到 2016 年 12 月 31 日，净值变为 1.2 亿元。该基金的持有期收益率： {{TABLE2}}
基金收益率			某基金在 2015 年 12 月 3 日的单位净值为 1.484 8 元，2016 年 9 月 1 日的单位净值为 1.788 6 元。期间该基金于 2016 年 2 月 28 日每份额派发红利 0.275 元。该基金 2016 年 2 月 27 日（除息日前一天）的单位净值为 1.897 6 元，该基金本时段的加权收益率为： $R=[(1.897\,6\div1.484\,8)\times1.788\,6\div(1.879\,6-0.275)-1]\times100\%=40.87\%$

时间区间	期初资产净值（百万元）	期末资产净值（百万元）	区间收益率（%）
2015.12.31—2016.4.15	100	95	－5.0
2016.4.15—2016.9.1	95+20 ＝ 115	140	21.7
2016.9.1—2016.12.31	140－10 ＝ 130	120	－7.7

续表

收益率指标	概　念	公　式	例　子
平均收益率（算术平均收益率和几何平均收益率）	算术平均收益率是计算各期收益率的算术平均值。 几何平均收益率是计算1元投资在n期内的平均收益率	算术平均收益率 $R_A=(R_1+R_2+\cdots R_n)\div n$ 几何算术平均收益率$(1+R_G)^n=(1+R_1)(1+R_2)\cdots(1+R_n)$	某基金的份额净值在第一年年初为1元，年底为2元，在第二年年末又跌为1元，假定期间没有分红。 第一年收益率 $R_1=(2-1)\div1\times100\%=100\%$ 第二年收益率 $R_2=(1-2)\div2\times100\%=-50\%$ 几何平均收益率 $R_G=\{[(1+100\%)(1-50\%)]^{0.5}-1\}\times100\%=0$ 算术平均收益率 $R_A=(100\%-50\%)\div2=25\%$ 几何平均收益率更能反映真实收益情况

（4）基金业绩评价方法

目前国外对基金业绩评价的方法主要有夏普业绩指数法、特雷诺业绩指数法和詹森业绩指数法（见表7-9）。

表7-9 基金业绩评价方法

评价方法	计算公式	意　义
夏普业绩指数法	基于资本资产定价模型，考察了风险回报与总风险的关系	$S=(R_p-R_f)/\sigma_p$ 式中，S表示夏普业绩指数，R_p表示某只基金的收益率，R_f表示无风险利率，σ_p表示投资收益率的标准差，它是总风险	每单位总风险资产获得的超额报酬（超过无风险利率R_f）。夏普业绩指数越大，基金的表现就越好；反之，基金的表现越差。根据夏普业绩指数的高低不同，可以对不同基金进行业绩排序
特雷诺业绩指数法	特雷诺认为足够分散化的组合没有非系统性风险，仅有与市场变动差异的系统性风险。因此，他采用基金投资收益率的p系数作为衡量风险的指标，而不像夏普那样使用标准差	$T=(R_p-R_f)/\beta_p$ 式中，T表示特雷诺业绩指数；R_p表示某只基金的投资收益率；R_f表示无风险利率；β_p表示某只基金投资收益率的系统风险	每单位系统风险资产获得的超额报酬（超过无风险利率R_f）。特雷诺业绩指数越大，基金的表现就越好；反之，基金的表现越差。不够分散化的基金的特雷诺业绩指数排序高于夏普业绩指数的排序
詹森业绩指数法	詹森指数是由詹森在CAPM上发展出的一个风险调整差异衡量指标	$J=R_p-[R_f+\beta_p(R_m-R_f)]$ 式中，J表示超额收益，被简称为詹森业绩指数；R_p表示收益率；R_f是无风险收益率，β_p为基金投资组合所承担的系统风险，R_m表示评价期内市场的平均回报率；(R_m-R_f)表示评价期内市场风险的补偿	当J值显著为正时，表明被评价基金与市场相比较有优越表现；当J值显著为负时，表明被评价基金的表现与市场相比较整体表现差

拓展知识

准确评价基金表现的重要心法

1 级心法：苹果跟梨不好作比较

水果和面包是没有可比性的。最简单的情况是，至少股票基金、平衡型基金、债券基金和货币市场基金之间不能简单横向比较，否则牛市中，你永远都会为债券基金和货币市场基金表现迟钝而火气冲天。

即便都是水果，苹果和梨也不好作比较，因为基金投资目标和范围的限定不同，很大程度会决定基金在一段时间的表现。

特定性很强的还有行业基金。其投资范围限定在某些行业中，这对于投资者的意义在于，当你看好某个行业，但是没有时间和精力去仔细研究这个行业内的具体公司时，那就可以直接购买行业基金。不过严格来讲，A 股市场的行业基金还是给它所投资的行业划了一个不算很小的圈子。不像美国非常细分，有稀有金属基金、日用消费品基金等。

一般情况下，我们建议大家通过历史业绩来寻找一些好基金的痕迹，但对于上述特定投资的基金就行不通了。因为市场轮动的特点，说不定过往表现不好的基金在你投资之后就时来运转。

2 级心法：不要仅仅拿大盘表现作参照

事实上，基金做得好不好，更多的是看它打败比较基准的能力，而不是仅仅拿大盘作参照。对于很多人来说，接受业绩比较基准，从而接受基金业绩的相对表现，是一件挺困难的事。当你买的基金跌破面值，甚至滑落到 0.9 元以下的时候，基金报告里却偏说该基金跑赢了比较基准，战胜了市场，是不是让人感到酸溜溜的？比较基准是用来评价投资组合回报的指标。如果你买的基金是以上证指数作为比较基准的话，投资运作一段时间后，将基金实际回报和上证 A 指的回报作比较，可以评估基金管理人的表现。当然也有很多基金会采用一些我们非常陌生的指数作为参照，如新华富时中国 A600 指数、中信 300 指数等。

通过业绩比较基准更能方便你为基金准确定位。比如，申万巴黎强化配置基金，虽然被划分到平衡型基金当中，但是它的策略是绝对回报，所以比较基准是一年期定期存款利率。这一条，其实已经表明它的风险回报都会跟保本基金差不多，只适合风险偏好很低的投资者，把它跟一般的平衡型基金比较就会有问题。

3 级心法：对只做短跑冠军者，敬而远之

关注基金过去的表现没有问题，但是如果考察业绩的时间短到只有半年或者几个月，这样的评价就会失去公允。这在彼得·林奇看来，根据排行榜上最近一

年或最近半年表现最好的基金来投资，特别愚蠢，因为这些基金管理人，通常将大部分资金冒险投资于一种行业或一种热门类型的公司，并且取得了成功。而在下一年度，若这个基金管理人不是那么幸运，则可能排到排行榜的最后。

这实际上告诉我们一个不争的事实，即基金业中的短跑冠军未必是长跑冠军。尤其是那些只能做短跑冠军者，长期下来的表现却排在很后面，这就说明其净值的上下起伏非常大，对于这样的冠军，还是不要投资比较好。

评价基金表现，关键还是要看它业绩表现的稳定性和持续性，建议大家把评价基金表现的时间周期尽可能拉长到三年以上。

4级心法：它的风险你应该看得到

基金比较不能光看收益，还必须将基金的回报率与风险程度进行综合考察。对于那些在震荡行情中天天都有钱赚的基金，很可能基金管理人喜欢进出交易，你在享受净值上涨时也要认识到它的风险。

有些风险是看得到的，如市场的系统性风险、基金经理过往运作水平参差不齐等。但有些风险，如基金偏离了合同规定的投资范围；ST股票或者*ST股票有时也会进入基金经理的重仓中；净值波动很大，显示基金管理人喜欢追逐热点……这些我们难以把握的风险最好远离。

从业资格考试训练题

一、单选题（以下备选答案中只有一项最符合题目要求）

1. 目前在我国，基金卖出股票按照 1‰ 的税率征收（　　）。

　　A．营业税　　　　　B．企业所得税　　　C．个人所得税　　　D．印花税

2. 在我国，对（　　）从证券市场中取得的收入，包括买卖股票、债券的差价收入、股票的股息、红利收入、债券的利息收入及其他收入，暂不征收企业所得税。

　　A．非银行金融机构　　　　　　　B．企业

　　C．基金　　　　　　　　　　　　D．基金管理公司

3. 基金买卖股票时，印花税税率为（　　）。

　　A．1.0‰　　　　　B．1.5‰　　　　　C．3.0‰　　　　　D．2.5‰

4. 我国的封闭型基金收益分配比例不得低于基金净收益的（　　）。

　　A．70%　　　　　　B．80%　　　　　　C．60%　　　　　　D．90%

5. 非金融机构法人买卖基金应缴纳税收，其税种包括（　　　）。

　　A. 营业税　　　　　B. 印花税　　　　C. 企业所得税　　D. 个人所得税

6. 下列不属于利息收入的是（　　　）。

　　A. 债券利息收入　　　　　　　　　B. 股利收入

　　C. 资产支持证券利息收入　　　　　D. 买入返售金融资产收入

7. （　　　）是能够全面反映基金在一定时期内经营成果的指标。

　　A. 本期利润　　　　　　　　　　　B. 本期已实现收益

　　C. 期末可供分配利润　　　　　　　D. 未分配利润

8. 目前在我国，基金买卖股票按照 1‰ 的税率征收（　　　）。

　　A. 营业税　　　　　B. 企业所得税　　　C. 个人所得税　　D. 印花税

9. 《关于证券投资基金税收政策的通知》规定，自 2004 年 1 月 1 日起，对证券投资基金管理人运用基金买卖股票、债券的差价收入，继续免征（　　　）。

　　A. 所得税　　　　　B. 营业税　　　　　C. 印花税　　　　D. 增值税

10. 一只基金在利润分配前的份额净值是 1.23 元，假设每份基金分配 0.05 元，在进行分配后基金的份额净值将会下降到（　　　）元。

　　A. 1.16　　　　　B. 1.28　　　　　C. 1.23　　　　　D. 1.18

二、多选题（以下备选答案中有两项或两项以上符合题目要求）

1. 基金进行利润分配时，会导致（　　　）。

　　A. 基金份额净值上升　　　　　　　B. 基金份额净值下降

　　C. 投资者蒙受损失　　　　　　　　D. 利润分配前后价值不变

2. 下列关于开放式基金的利润分配说法正确的有（　　　）。

　　A. 我国开放式基金按规定需在基金合同中约定每年基金利润分配的最多次数和基金利润分配的最低比例

　　B. 开放式基金的利润分配比例一般以每年的利润总额为基准计算

　　C. 开放式基金有现金分红和分红再投资两种分红方式

　　D. 现金分红方式是开放式基金分配的最普遍形式

3. 下列关于货币市场基金利润分配的规定，正确的有（　　　）。

　　A. 每日进行分配

　　B. 货币市场基金每周五进行利润分配时，不包括上周六和周日的利润

　　C. 当日申购的基金份额自下一个工作日起享有基金的分配权益

　　D. 当日赎回的基金份额自下一个工作日起不享有基金的分配权益

4. 基金因持有股票而带来的投资收益主要包括（   ）。

    A．股票价差收入　　B．股票股利　　　　C．现金股利　　　　D．存款利息收入

5. 目前，我国（   ）买卖基金差价收入不征收营业税。

    A．个人　　　　　　B．非银行金融机构C．非金融机构　　　D．银行

6. 基金作为一个营业主体主要涉及的税收包括（   ）。

    A．营业税　　　　　B．消费税　　　　　C．增值税　　　　　 D．印花税

    E．所得税

7. 基金收益分配方式一般有（   ）。

    A．分配基金单位　　B．现金分红　　　　C．股票分红　　　　D．分红再投资

    E．暂不分红

8. 对（   ）买卖基金的差价收入须征收营业税。

    A．银行　　　　　　B．非银行金融机构C．个人投资者　　　D．国有企业

    E．民营企业

9. 目前，我国（   ）买卖基金差价收入不征收营业税。

    A．个人　　　　　　B．非银行金融机构C．非金融机构　　　D．银行

10. 基金托管人的信息披露业务主要涉及（   ）。

    A．基金资产保管　　B．会计核算　　　　C．净值复核　　　　D．代理清算交割

三、判断题（正确的用 A 表示，错误的用 B 表示）

1. 基金收益分配必须在当年的利润弥补上一年度亏损后才能进行。（   ）

2. 应对投资者从基金分配中获得的储蓄存款利息及买卖股票价差收入征收所得税。（   ）

3. 基金向个人投资者分配股息、红利、利息时，须代扣代缴10%的个人所得税。（   ）

4. 目前，我国对投资者(包括个人和企业)买卖基金份额暂不征收印花税。（   ）

5. 对企业投资者从基金分配中获得的债券差价收入,暂不征收企业所得税。（   ）

6. 金融机构买卖基金的差价收入不缴纳营业税。（   ）

7. 非金融机构法人买卖基金单位的差价收入应缴纳营业税。（   ）

8. 机构法人买卖基金单位获得的差价收入应缴纳所得税。（   ）

9. 个人投资者买卖基金单位应缴纳的税收包括印花税和所得税。（   ）

10. 本期利润既包括基金已实现的损益,也包括未实现的估值增值或减值。（   ）

四、问答题

1. 基金的收益来源有哪些?

2. 基金的收益分配方式有哪些? 对投资者来说, 在什么情况下选择哪种方式更合适?

3. 基金的税收主要有哪些?

4. 基金信息披露具有哪些禁止行为?

5. 基金业绩评价有哪些指标?

6. 基金业绩评价方法有哪些?

五、能力训练题

场景:商业银行证券营销部

学生角色:客户、客户经理

情境内容:某客户投资的基金品种近日分红,该客户来到商业银行咨询有关基金分红事宜。

情境设计:①要求学生详细解释基金的两种分红方式,并比较各自的优势与劣势。②要求学生为客户提供基金分红方式咨询服务时,表述内容全面正确,语言表达通俗易懂。

项目八
把握基金监管与基金营销风险点

学习目标

知识目标

掌握基金监管概念、目标和原则，中国证券投资基金业协会的监管职责。掌握对基金管理公司、基金托管人、公开募集基金销售活动的监管。掌握基金服务机构的法定义务。

能力目标

能够利用基金监管相关法律法规的内容规避基金营销中的风险；能够利用基金行业法律法规规范营销行为。

学习任务

任务 1　认知证券投资基金的监管内容

任务 2　模拟召开中国证监会发布基金监管规定的新闻发布会

证监会联手公安机关严打基金"老鼠仓"

导入案例

基金公司从业人员损害基金持有人利益的行为首当其冲的是"老鼠仓"。"老鼠仓"指基金内幕人员,在利用公有资金大量买入某只股票之前,先用自己的资金在低位建仓;待用公有资金将股票拉升到高位后,先卖出自己的股票而获利。由于这些个人账户大多隐秘,比公用资金跑得更快,偷食股票上涨盈利,因而被形象地称为"老鼠仓"。

2014年以来,证监会共启动99起"老鼠仓"违法线索核查,向公安机关移送涉嫌犯罪案件83起,涉案交易金额约800亿元。到2017年5月底,司法机关已经对25名金融资管从业人员做出有罪刑事判决,证监会已经对15名证券从业人员采取证券市场禁入措施。

当前,"老鼠仓"违法犯罪表现在以下方面。一是违法行为持续时间长,交易和获利金额大,长期、严重损害委托人利益;二是个别经营机构"窝案"频发,有的机构多名从业人员同时涉案,有的机构同一岗位前后任投研人员先后涉案;三是案发岗位除了投资经理、研究人员,还涉及交易员、销售人员、部门总监甚至机构高管,相关人员保密意识十分淡薄;四是信息传递型交易逐渐增多,出现从业人员相互交换信息或与利益关系人内外勾结、共谋作案的现象;五是案发领域从基金行业向保险资管、托管银行蔓延。

1. 违规动机

"老鼠仓"的违规动机主要有:① 在牛市行情中,财富效应迅速提升,在这种利益诱惑下,基金公司及其他各类金融资产管理机构的从业人员,参与"老鼠仓"的经济动机增加;② "老鼠仓"的建立具有隐蔽性,是基金从业人员选择这一违规方式的成本收益因素;③ 我国目前对于基金从业人员买卖股票的禁止性规定是造成"老鼠仓"产生的制度性因素。按照目前的证券法及其他规则的相关规定,证券从业人员在任期或者法定限期内,不得直接或者以化名、借他人名义持有、买卖股票。然而,在牛市财富效应的冲击下,由于基金从业人员不能通过买卖股票分享牛市利润,违反相关规定的冲动加强。

2. 违规方式与表现

"老鼠仓"违规行为的表现形式主要包括:① 先买先卖。基金经理或相关从业人员在用公有资金拉升股价之前,先用自己可以控制的资金在低位建仓,待用公有资金拉升到高位后,个人仓位率先卖出获利。② 同买同卖。基金经理或相关从业人员在公用资金购买股票的同时，利用自己可以控制的资金买入同样股票，待公用资金卖出股票时，同时卖出自己可以控制账户的股票并获利。

3. 违规危害

违规危害主要有：①"老鼠仓"是一种利用职权、利用信息不对称形成的时间差，转移财富从而损害公众利益的行为，这种行为有悖于证券市场公平、公正、公开原则；② 作为一类损人利己的违法违规行为，"老鼠仓"行为的出现无疑会破坏市场秩序并影响投资者对于基金投资产品的信心；③ 与利用自有资金操纵股价不同，"老鼠仓"行为的实施者几乎不承担任何风险，因为"老鼠仓"的出逃以公募资金高位接盘为基础，因此这种行为的危害性比利用自有资金操纵股价的危害更大，实施动机更强。

4. 违反的法规

"老鼠仓"行为违反《证券法》第43条、《证券投资基金法》第9条、第18条的相关规定。

（资料来源：根据2017年7月10日刘宇辉《中国基金报》"证监会联手公安机关严打基金'老鼠仓'"资料整理）

任务1 认知证券投资基金的监管内容

【模拟情境】

新融投资公司动用1亿元自营资金投资于上市公司A公司，但A公司目前基本面是：行业不景气、业绩亏损，还有巨额担保，新融投资公司已经出现了一定的浮动亏损，目前公司还有流动资金5 000万元。新融投资公司有两种办法解决目前的窘境，一是动用这5 000万元补仓；二是找宏达基金公司，用5 000万元申购宏达基金公司旗下的宏达股票优选基金，并至少持有一年。条件是希望宏达基金公司动用旗下基金1亿元去帮助它们拉升A公司股价，助其解套。宏达基金公司答应了新融投资公司的要求。具体操作行为如下。

第一步，逐步吃进。考虑到新融投资的持仓成本较高，如果采取打压建仓，新融投资公司恐怕难以承受，所以就在当时的点位上逐步建仓，这个时间花了半个月左右。

第二步，进入拉升阶段。在这一阶段，需要上市公司的配合。宏达基金与A

公司的高管发布了一则公告，表示 A 公司计划收购一家网络公司 B 公司 70% 的股权。

B 公司规模不大，是 IT 界的明星公司，经过多年的发展已经拥有自主研发的互动网络游戏平台及多项核心技术。其实，A 公司仅仅是与 B 公司有过初步的接触，B 公司的股东并不打算出让股权。A 公司也不是真的收购，只不过造出这样的势头。B 公司觉得能够借助上市公司的力量提升一下知名度也没什么不好，于是在发布公告后并没有予以否认，只是说仍在接洽之中。股评家们把网络游戏和自主创新概念恰到好处地包装在了这只股票上。很快 A 公司股票进入了拉升期。

第三步，出货。宏达股票优选基金和另一只宏达混合平衡基金时进时出 A 公司股票，但以进货为主，主要为了配合新融投资公司出货。很快，A 公司股票连续上涨了 40% 多，上档的抛压逐渐增大，新融投资公司逐步出货，A 公司高管、宏达基金、网络公司 B 公司的"老鼠仓"也在逐步地逃离。

这时候，宏达基金担起稳定股价的任务，否则 A 公司股票暴涨暴跌的一幕将难以避免。这样的形势持续了一个多星期之后，新融投资公司打来电话说已经基本出清，眼看快到季度末，为了不在季报中显得过于明显，两只基金开始逐步减仓。混合平衡基金还剩下 40 多万股，既没有出现在自己的前十大重仓股中，也没有在 A 公司的季报中亮相。宏达股票优选基金最终将 A 公司股票的持有量控制在 130 万股左右，成为自己的第五大重仓股，仅仅名列 A 公司的第九大股东。

（资料来源：赵迪 . 基金经理 [M]. 北京：清华大学出版社，2007.）

【规则与要求】

1）以小组为单位，学习以上基金投资违规操作的例子，展开讨论。

2）各小组分别代表新融投资公司、宏达基金管理公司、网络公司 B 公司、上市企业 A 公司、监管机构进行辩论。

3）教师引导学生学习基金监管知识，了解案例中所涉及的问题：

① 如果你是新融投资公司的管理层，你将如何改变现状？

② 宏达公司如何帮新融投资公司投资的 A 公司股票解套？在其中谁能得到好处？

③ B 公司为什么要参与这场交易？

④ 在这场游戏中遭受最大损失的是谁？

⑤ 案例中的违规行为有哪些？

⑥ 从基金监管角度考虑，此案例中涉及哪些基金法律与法规的监管？

【评价标准】

由学生互评、教师点评相结合，评价标准如下。

1）各小组能否按照案例中角色的需要做出符合自己利益的决策。

2）各小组经过讨论能否指出各自行为的违规表现并指出规范、具体的法律法规。

3）小组成员是否积极参与讨论，论点是否符合基金法律法规监管要求，语言表达是否流畅。

【相关知识】

基金是面向社会大众销售的投资产品，不断完善对基金活动的监管，是保护广大投资者利益的重要保证。中国证监会在对我国基金的监管上负有最主要的责任。基金监管主要涉及对基金服务机构的监管、对基金运作的监管及对基金高级管理人员的监管三个方面。

1. 基金监管的含义和目标

广义的基金监管是指有法定监管权的政府机构、基金行业自律组织、基金机构内部监督部门及社会力量对基金市场、基金市场主体及其活动的监督或管理。狭义的基金监管是指政府基金监管机构依法对基金市场、基金市场主体及其活动的监督与管理。政府基金监管是最为广泛、最有权威、最有效的监管。基金监管的目标一是保护投资者及相关当事人的合法权益，二是规范证券投资基金活动，三是促进证券投资基金和资本市场的健康发展。

2. 基金监管的原则（见表 8-1）

表 8-1　基金监管的原则

监管原则	监管内容
保障投资人利益	保障投资人利益原则是基金监管活动的目的和宗旨的集中体现。基金监管应以保障投资人即基金份额持有人的利益为首要目标
适度监管	对基金的监管，政府监管基金不应直接干预基金机构内部的经营管理，监管范围应严格限定在基金市场失灵的领域
高效监管	基金监管活动不仅要以价值最大化的方式实现基金监管的根本目标，还要通过基金监管活动促进基金行业的高效发展。这就要求基金监管机构具有权威性，还要确定合理的监管内容体系，对于违法行为要规定明确的法律责任和制裁手段

续表

监管原则	监管内容
依法监管	依法监管原则是指监管机构的设置及其监管职权的取得，必须有法律依据，监管职权的行使，必须依据法律程序，对违法行为的制裁，必须依据法律规定
审慎监管	审慎监管是指基金监管机构在制定监管规范以及实施监管行为时，注重基金机构的偿付能力和风险防控，以确保基金运行稳健和基金财产安全，切实保护投资者合法权益
公开、公平、公正监管	公开原则不仅要求基金市场具有充分的透明度，实现市场信息的公开化，而且要求基金监管机构的监管规则和处罚应当公开。公平原则是指基金市场主体平等，要求基金监管机构依照相同的标准衡量同类监管对象的行为。公正原则要求基金监管机构在公开、公平基础上，对监管对象公正对待，一视同仁。三公原则重在公正，即公正监管，公正执法，是依法监管原则的具体化

3. 基金监管机构和自律组织

（1）证监会对基金市场的监管

中国证监会依法担负国家对证券市场实施集中统一监管的职责。中国证监会内部设有证券基金监管部，具体承担基金监管职责。中国证监会依法履行下列职责：①制定有关证券投资监督管理的规章、规则，并行使审批、核准或注册权。②办理基金备案。③对基金管理人、基金托管人及其他机构从事证券投资基金活动进行监督管理。④制定基金从业人员的资格标准和行为准则，并监督实施。⑤监督检查基金信息的披露情况。⑥指导和监督基金业协会的活动。⑦法律、行政法规规定的其他职责。

（2）基金行业自律管理

2012年6月，中国证券投资基金业协会正式成立。协会是社会团体法人。2013年的《证券投资基金法》详细规定了基金业协会的性质、组成以及主要职责等内容。协会的主要职责如下：①教育组织会员遵守证券投资的法律、行政法规；维护投资人合法权益。②依法维护会员合法权益。③制定和实施行业自律规则，监督、检查会员及其从业人员的执业行为，对违反自律规则和协会章程的，按照规定给予纪律处分。④制定行业执业标准和业务规范，组织基金从业人员从业考试、资质管理和业务培训。⑤提供会员服务，组织行业交流，推动行业创新，开展行业宣传和投资人教育活动。⑥对会员之间、会员和客户之间发生的基金业务纠纷进行调解。⑦办理非公司募集基金的登记、备案。⑧协会章程规定的其他职责。

（3）证券交易所对基金市场的监管

证券交易所具有监管者和被监管者的双重身份，既是基金交易市场的管理者，享有交易所业务规则制定权，制定上市规则、交易规则、会员管理规则等，也要接受政府证券监管机构的监管。证券交易所负责对基金在交易所内的投资交易活动进行监管，负责交易所上市基金的信息披露监管工作。证券交易所设有基金交易监控体系，重点监控涉嫌违法违规的交易行为，并监控基金财产买卖高风险股票的行为。

任务2　模拟召开中国证监会发布基金监管规定的新闻发布会

【模拟情境】

模拟证监会召开新闻发布会，宣布对证券投资基金监管的相关法律法规。

【规则与要求】

1）以班级为单位，选择8人组成中国证监会新闻发言人。准备证券投资基金监管的相关法律内容，召开新闻发布会。

2）各小组分别从政府监管机构对基金管理人、基金托管人、基金销售服务机构的监管规定等方面阐述相关内容。

【评价标准】

由学生互评、教师点评相结合，评价标准如下。

1）新闻发言人是否能正确解读基金监管相关内容。

2）各小组是否能够从各自模拟的角色提出疑问。

3）小组成员是否积极参与讨论，语言表达是否流畅，团队合作效率是否高效。

【相关知识】

从法律法规和自律管理等方面来说，基金监管内容很丰富。在基金市场上，从事基金活动、为基金提供服务的所有组织和机构，包括基金管理公司、基金托管银行、基金销售机构、基金注册登记机构、基金评价机构等，都由中国证监会依法实施监管，而对基金管理公司的监管是主要内容之一。

1. 对基金管理公司的监管

中国证监会依法对基金管理公司提交的市场准入、基金管理人从业人员资格实施监管。证监会对基金管理人及其从业人员的监管如表8-2所示。

表8-2 证监会对基金管理人及其从业人员的监管

证监会对基金公司市场准入的审批	具体规定
基金管理人的法定组织形式	《证券投资法》规定，基金管理人由依法设立的公司或者合伙企业担任。而担任公开募集基金的基金管理人的主体资格受到严格限制，只能由基金管理公司或者经中国证监会按照规定核准的其他机构担任。中国证监会按照法定条件和程序对基金管理公司的设立申请进行严格审查，做出批准或者不予批准的决定
对基金管理人从业人员资格的监管	基金管理人的董事、监事和高级管理人员，应当熟悉证券投资方面的法律、行政法规，具有3年以上与其所任职务相关的工作经历，高级管理人员应当具备基金从业资格 基金经理任职的条件：①取得基金从业资格。②通过中国证监会授权机构组织的高级管理人员证券投资法律知识考试。③具有3年以上证券投资管理经历。④没有《公司法》《证券投资基金法》等法律法规规定的不得担任公司董事、监事、经理和基金从业人员的情形。⑤最近3年没有受到证券、银行、工商和税务等行政管理部门的行政处罚
对基金管理人及其从业人员执业行为的监管	基金管理人的董事、监事和高级管理人员和其他从业人员不得有以下行为：①将其固有财产或者他人财产混同于基金财产从事证券投资。②不公平地对待其管理的不同基金财产。③利用基金财产或者职务之便为基金份额持有人以外的人牟取利益。④向基金份额持有人承诺收益或者承担损失。⑤侵占、挪用基金财产。⑥泄露因职务便利获取的未公开信息，并利用这些信息从事或明示、暗示他人从事相关的交易活动。⑦玩忽职守，不按照规定履行职责。⑧法律、行政法规和中国证监会规定禁止的其他行为
	允许基金从业人员进行证券投资，即允许投资股票、债权、封闭式基金、可转债等证券，但要求相关人员进行事先申报，披露其投资行为，接受各方面的监督。其投资不得与基金份额持有人利益冲突。投资事项要在中国证监会备案

2. 对基金托管人的监管

基金托管人由依法设立的商业银行或者其他金融机构担任。商业银行担任基金托管人的，由中国证监会会同中国银监会核准，其他金融机构担任基金托管人的，由中国证监会核准。为保证基金托管人对基金管理人的有效监督，《证券投资基金法》规定，基金托管人与基金管理人不得为同一机构，不得相互出资或者持有股份。基金托管人发现基金管理人的投资指令违反法律、行政法规和其他有关规定，或者违反基金合同约定的，应当拒绝执行，立即通知基金管理人，并及时向中国证监会报告。基金托管人发现基金管理人依据交易程序已经生效的投资指令违反法律、行政法规和其他有关规定，或者违反基金合同的约定的，应当立即通知基金管理人，并及时向中国证监会报告。

3.基金监管要求的基金服务机构的法定义务

《证券投资基金法》明确规定了基金销售机构、基金销售支付机构、基金份额登记机构、基金投资顾问机构及其从业人员、基金评价机构及其从业人员等基金服务机构的法定义务，并相应规定了违反这些义务应当承担的法律责任，具体内容如表8-3所示。

表8-3　基金服务机构的法定义务

基金服务机构	法定义务		
基金销售机构	（1）向投资人充分提示投资风险 （2）根据投资人的风险承担能力销售不同风险等级的基金产品	（1）确保基金销售结算基金、基金份额的安全、独立 （2）禁止任何单位或者个人以任何形式挪用基金销售结算资金、基金份额	（1）勤勉尽责、恪尽职守 （2）建立风险管理制度和灾难备份系统 不得泄露与基金份额人、基金投资运作相关的非公开信息
基金销售支付机构	（1）按照规定办理基金销售结算资金的划付 （2）确保基金销售结算安全划付		
基金份额登记机构	（1）妥善保存登记数据，并将基金份额持有人姓名、身份信息及基金份额等数据保存到中国证监会认定的机构。其保存期限自基金账户销户之日起不得少于20年 （2）基金份额登记机构应当保证登记数据的真实、准确、完整，不得隐匿、伪造、篡改或毁损		
基金投资顾问机构及其从业人员	（1）提供基金投资顾问服务，应当具有合理的依据 （2）对其服务能力和经营业绩进行如实陈述 （3）不得以任何方式承诺或保证投资收益 （4）不得损害服务对象的合法权益		
基金评价机构及其从业人员	（1）客观公正地按照依法制定的业务规则开展基金评价业务 （2）禁止误导投资人，防范可能发生的利益冲突		
律师事务所会计师事务所	（1）接受基金管理人、基金托管人的委托，为有关基金业务活动出具法律意见书、审计报告、内部控制评价报告等文件。应当勤勉尽责，对所依据的文件资料内容的真实性、准确性、完整性进行核查和验证 （2）制作、出具的文件有虚假记载、误导性陈述或重大遗漏，给他人财产造成损失的，应当与委托人承担连带赔偿责任		

4. 对公开募集基金销售活动的监管

中国证监会2013年发布的《证券投资基金销售管理办法》，对于基金销售机构的条件和资格、基金销售支付结算、基金宣传推介材料、基金销售费用、基金销售业务规范以及监管管理和法律责任等均做了具体的规定。基金销售机构销售公开募集基金应当严格遵守这些规定。对公开募集基金销售活动的监管内容如表8-4所示。

表8-4　对公开募集基金销售活动的监管内容

监管项目	主要内容
对基金销售适用性监管	对基金管理人进行审慎调查的方式和方法 对基金产品风险等级进行设置，对基金产品进行风险评价的方式和方法 对基金投资人风险承受能力进行调查和评价的方法和方式 对基金产品和基金投资人进行匹配的方法
对基金宣传材料的监管	基金宣传推介材料，是指为推介基金向公众分发或者公布，使公众可以普遍获得的书面、电子或者其他介质的信息，包括公开出版资料；宣传单、手册、信函、传真、非指定信息披露媒体上刊发的与基金销售相关的公告等面向公众的宣传资料；海报、户外广告；电视、电影、广播、互联网资料、公共网站链接广告、短信及其他音像、通信资料；中国证监会规定的其他材料 基金宣传推介资料应当含有明确、醒目的风险提示和警示性文字，以提醒投资人注意投资风险，仔细阅读基金合同和基金招募说明书，了解基金的具体情况
对基金销售费用的监管	基金销售机构办理基金销售业务，可以按照基金合同和招募说明书的约定向投资人收取认购费、申购费、赎回费和销售服务费等费用 基金销售机构为投资人提供增值服务的，可以向基金投资人收取增值服务费。增值服务是指基金销售机构在销售基金产品的过程中，在确保遵守基金和相关产品销售适用性原则的基础上，向投资人提供的除法定或者基金合同、招募说明书约定服务以外的附加服务
对公开募集基金投资与交易行为的监管	基金管理人运用基金财产进行证券投资，除中国证监会另有规定的除外，应当采用资产组合的方式。基金财产不得用于下列投资或者活动：①承销证券；②违反规定向他人贷款或者提供担保；③从事承担无限责任的投资；④买卖其他基金份额，但是中国证监会另有规定的除外；⑤向基金管理人、基金托管人出资；⑥从事内幕交易、操纵证券交易价格及其他不正当的证券交易活动；⑦法律、行政法规和中国证监会规定禁止的其他活动
对公开募集基金信息披露的监管	基金管理人、基金托管人和其他基金信息披露义务应当依法披露基金信息，并保证所披露信息的真实性、准确性和完整性。基金信息披露义务应当确保应予披露的基金信息在中国证监会规定时间内披露，并保证投资人能够按照基金合同约定的时间和方式查阅或者复制公开披露的信息资料。基金信息披露的禁止行为：①虚假记载、误导性陈述或者遗漏；②对证券投资业绩进行预测；③违规承诺收益或者承担损失；④诋毁其他基金管理人、基金托管人或者基金销售机构；⑤法律、行政法规和中国证监会规定禁止的其他行为

从业资格考试训练题

一、单选题（以下备选答案中只有一项最符合题目要求）

1．在我国，基金监管的首要目标是（　　　）。

A．保证市场的公平、效率和透明　　　B．保护投资者利益

C．保证市场的公开、公平和公正　　　D．推动基金业的发展

2．关于基金监管目标，下列说法错误的是（　　　）。

A．推动基金业报规范发展　　　B．保证市场的公平、效率和透明

C．保护投资者利益　　　D．消除系统风险

3．有关基金监管的说法，不正确的表述是（　　　）。

A．组织拟订基金业业务标准并监督实施

B．基金的设立、募集、交易受中国证监会监管

C．基金托管人主要由中国证监会负责监管

D．中国证监会对基金管理公司的设立、业务范围进行监管

4．不属于证券交易所对基金的监管的是（　　　）。

A．对会员管理规则的制定

B．对基金交易规则的制定

C．对基金管理人违法行为进行侦察和惩治

D．对基金上市的管理

5．相对于发达国家，我国基金监管所特有的监管目标是（　　　）。

A．保护投资者利益　　　B．保证市场的公平、效率和透明

C．降低系统风险　　　D．推动基金业的发展

6．朱某担任某基金管理公司副总经理，由于擅离职守，被中国证监会建议任
职机构免除其职务，一年以后，另一家基金公司拟聘请其担任副总经理，
以下说法正确的是（　　　）。

A．朱某不能接受聘任

B．如果在这一年内，朱某没有其他违法违纪行为，则可以接受聘任

C．如果这一年内，朱某没有中国证监会认为不适合担任高级管理人员的行为，
则可以接受聘任

D．证监会对其重新进行资格审核后，可以接受聘任

7．申请高级管理人员任职资格，应当具备（　　　）以上基金、证券、银行等金

融相关领域的工作经历及与拟任职务相适应的管理经历。

  A．1 年   B．3 年   C．5 年   D．10 年

8．基金的服务机构不包括（ ）。

  A．基金注册登记机构   B．律师事务所

  C．证券交易所   D．基金投资咨询机构

9．我国对基金募集申请实行的是（ ）。

  A．核准制   B．注册制   C 公司制   D．契约制

10．从我国的实践看，对基金的监管负有最主要责任的机构是（ ）。

  A．中国证券业协会   B．中国证券投资基金业委员会

  C．中国证券监督管理委员会   D．基金管理公司督察长

二、多选题（以下备选答案中有两项或两项以上符合题目要求）

1．中国证监会主要通过（ ）实现基金监管。

  A．日常持续监管 B．现场检查   C．市场准入监管 D．非现场检查

2．对基金监管的"三公"原则说法正确的是（ ）。

  A．基金市场必须要有充分的透明度，要实现信息的公开化

  B．参与市场的主体具有完全平等的权利

  C．监管部门执法必须公正

  D．监管部门必须依法监管

3．根据有关规定，基金管理人在管理运作基金资产时，不得有下列（ ）行为。

  A．向他人贷款或者提供担保   B．从事承担无限责任的投资

  C．承销证券   D．购买托管人发行的股票或债券

4．狭义的基金监管是指政府基金监管机构依法对（ ）及其活动的监督与管理。

  A．基金市场   B．基金市场主体 C．基金投资人 D．基金委托人

5．证券交易所的自律管理包括（ ）。

  A．基金公司人员的聘任

  B．对基金上市交易的监控和管理

  C．对投资者买卖基金交易行为的合法、合规性进行监控和管理

  D．对证券投资基金在证券市场的投资行为进行监控和管理

6．我国基金监管机构主要包括（ ）。

  A．中国证监会及其派出机构   B．证券交易所

  C．中国人民银行   D．基金业委员会

7. 我国基金监管的目标是（   ）。

   A．保护投资者及相关当事的人的合法权益

   B．规范证券投资基金活动

   C．促进证券投资基金和资本市场的健康发展

   D．降低基金市场系统风险

8. 对基金管理人的董事、监事和高级管理人员和其他从业人员的执业行为的管理，规定不得有以下（   ）行为。

   A．将其固有财产或者他人财产混同于基金财产从事证券投资

   B．不公平地对待其管理的不同基金财产

   C．利用基金财产或者职务之便为基金份额持有人以外的人牟取利益

   D．向基金份额持有人承诺收益或承担损失

9. 基金经理的任职应具备的条件有（   ）。

   A．取得基金从业资格

   B．具有 5 年以上证券投资管理经历

   C．通过中国证监会或者其授权机构组织的证券投资法律知识考试

   D．最近 3 年没有受到证券、银行、工商和税务等行政管理部门的行政处罚

10. 基金管理人及从业人员可以进行（   ）等有价证券的投资。

   A．股票   B．债权   C．封闭式基金   D．期货

三、判断题（正确的用 A 表示，错误的用 B 表示）

1. 证券交易所一方面对在交易所上市的基金当事人实行自律管理，另一方面对基金的投资交易行为履行一定的一线管理职责。（   ）

2. 基金监管有利于解决基金信息不对称问题。（   ）

3. 中国证券投资基金业协会制定行业执业标准和业务规范，组织基金从业人员的从业考试、资质管理和培训。（   ）

4. 证券交易所具有监管者和被监管者的双重身份。（   ）

5. 基金信息披露监管的原则是以制度形式保证基金做到信息披露的真实、准确、完整和及时，最终实现最大限度保护基金份额持有人合法权益的监管目标。（   ）

6. 基金托管人由依法设立的商业银行或者其他金融机构担任。（   ）

7. 基金募集申请未获得中国证监会核准前，基金管理人可先在公司网站上登载基金的宣传资料，作为市场预热手段。（   ）

8．保障投资人利益原则是指基金监管活动的目的和宗旨的集中体现。基金监管应以保障投资人即基金份额持有人的利益为首要目标。（　　）

9．中国证监会制定有关证券投资基金活动监督管理的规章、规则，并行使审批、核准或注册权。（　　）

10．我国基金监管的目标之一是消除系统风险。（　　）

四、问答题

1．我国基金监管的含义和原则是什么？

2．我国基金监管的目标是什么？

3．中国证券投资基金业协会的主要职责是什么？

4．对基金管理人及其从业人员执业资格和执业行为的监管是如何规定的？

五、能力训练题

1．训练内容

（1）模拟成立一家基金管理公司，设计、制作出基金管理公司名称、标识、组织结构，并在实训室布置好开展活动的环境，再模拟设立一个基金监管机构。

（2）从监管者和被监管者两个方面开展活动。要求基金经理和销售人员等从被监管者角度去考虑，如何接受基金监管者的监管要求。

2．训练要求

（1）要求基金监管小组组长指挥本小组成员对上述相关人员提出具体的监管措施和监管手段。

（2）要求基金经理和销售人员分别对自己的任职资格、工作职责和严禁的违规行为向监管者进行阐述。

（3）以小组为单位，要求每位同学都要参与到不同的角色中，具体角色分配由组长确定。

参考文献

[1] 中国证券业协会．证券投资基金（上下册）[M]．北京：中国财政经济出版社，2016．

[2] 基金从业人员资格考试命题研究中心．证券投资基金基础知识 [M]．北京：北京燕山出版社，2017．

[3] 刘大赵，证券投资基金 [M]．大连：东北财经大学出版社，2016．

[4] 中国证券投资基金业协会．中国证券投资基金业年报 [[M]．北京：中国财政经济出版社，2015．

[5] 刘建位，徐晓杰．巴菲特教你买基金 [M]．北京：中信出版社，2010．

[6] 赵迪．基金经理 [M]．北京：清华大学出版社，2007．

[7] 华夏基金管理公司．做一个理性的投资者 [M]．北京：北京大学出版社，2010．

[8] 张存萍．证券客户经理岗位实训 [M]．北京：电子工业出版社，2012

[9] 崔宇．基金托管人为何形同虚设 [N]．广州日报，2008-8-4．

[10] 庞华玮．发行难拷问新基金：募集失败和延期频现 [N]．21 世纪经济报道，2017-08-09

[11] 刘宇辉．证监会联手公安机关严打基金"老鼠仓" [N]．中国基金报，2017-7-10．

[12] 佚名．公募基金：盈利能力诱人的行业 [N]．中国证券报，2016-09-02

[13] 马婧妤．基金公司可自主调整双汇发展估值 [N]．上海证券报，2011-03-28．

[14] 佚名．美国基金行业发展现状及趋势解读 [N]．上海证券报，2016-07-25．

[15] 刘宇辉．公募基金 20 年：26 位冠军基金经理风云 [N]．中国基金报，2017-11-29．

反侵权盗版声明

电子工业出版社依法对本作品享有专有出版权。任何未经权利人书面许可，复制、销售或通过信息网络传播本作品的行为；歪曲、篡改、剽窃本作品的行为，均违反《中华人民共和国著作权法》，其行为人应承担相应的民事责任和行政责任，构成犯罪的，将被依法追究刑事责任。

为了维护市场秩序，保护权利人的合法权益，我社将依法查处和打击侵权盗版的单位和个人。欢迎社会各界人士积极举报侵权盗版行为，本社将奖励举报有功人员，并保证举报人的信息不被泄露。

举报电话：（010）88254396；（010）88258888

传　　真：（010）88254397

E-mail：　dbqq@phei.com.cn

通信地址：北京市万寿路 173 信箱

　　　　　电子工业出版社总编办公室

邮　　编：100036